ある
B・C級戦犯
の戦後史

ほんとうの戦争責任とは何か

富永 正三

影書房

あるB・C級戦犯の戦後史

——ほんとうの戦争責任とは何か

富永正三

本書は、一九七七年八月に水曜社より刊行されたものに、若干のふりがな等を加え、明らかな間違いは訂正した。今日から見て不適切と思われる表現があるが、著者が故人であるため、そのままとした。

まえがき

一九五六（昭和三一）年九月、シベリアでの捕虜生活、人民中国の戦犯という道をたどって一六年ぶりに帰国したとき、私たちは「中共帰りの洗脳組」という刻印を押された。このように軽はずみな新語を誰が作ったのかは知らないが、それはジャーナリズムを通じて、広く伝播された。その意味するところは「危険な共産主義思想にかぶれて帰って来た連中」ということだった。実際私たちは、しばしば公安調査官の訪問を受けたし、また「洗脳」されたということで、就職に際しひどく妨害を受けた。

事実、私たちの考え方は、ソ連から中国へ戦犯として引き渡されたときと、それから六年後とでは大きく変わっていた。そういう意味では、たしかに「思想改造」であった。しかし「改造」の内容は、資本主義思想から社会主義・共産主義思想へ、というものではなく、「人間として何が正しく、何がまちがっていたか」、つまり誤った道徳観から正常な道徳観への道徳上の「思想改造」であった。

具体的に言えば、「戦場における非戦闘員に対する残虐行為は、戦争という特殊の環境ではやむを得ないことであり、むしろ当然のことである。上官の命令に従ってやった行為には自分の責任はない」という考え方から、「たとえ戦場においてのことであっても非人道的行為は許されない、命令に従うか、従わないかは、本人の選択の問題であり、みずから選択した行為に対しては当然責任をとるべきである」という考え方への転変である。

つまり人間を粗末に取り扱う思想から人間を大切に取り扱う思想へ、責任を回避する態度から責任をとる態度への転変にほかならない。

そして転変の共通の基盤となったのが、かつて私たちが蔑視し、粗末に取り扱い、ひどい目にあわせた人びとから、こんどはどんなにひどい目にあわされても文句の言えない立場において、逆に大切に取り扱われたという事実なのである。「なるほど、人間の取り扱いは本来こうあるべきであり、私たちが過去にとった人間蔑視の行動はまちがっていた」とさとった、すなわち人間蔑視の軍国主義思想から、人間尊重のヒューマニズムに目ざめた、ということである。

しかし、もちろんこのような反省、自覚に達するのは一朝一夕にできることではなく、長くて苦しい自己闘争の過程が必要であった。

うむを言わさぬ国家権力によって、戦場という特殊の環境に送りこまれ、罪なき人びとを殺すことを強制される。はじめは抵抗を感じるが、やがては当り前だと思うようになる。つまり「人間」ではなくなったのである。このように、一度抹殺された人間性を取り戻すには、それ相当の代償が要求されるのである。踏みつぶされた人間的良心をよみがえらせるために必死の自己闘争を続ける過程が、「洗脳」という言葉で簡単に一括されてしまったことに私は激しい憤りを覚えずにはいられなかった。

このような意図的とさえ思われる偏見は、何としても打ち破らなければ……と思い続けているうちに、いつしか二〇余年が経過し戦後三〇年を迎えた。

たまたまこの年、先輩の島村三郎さんが『中国から帰った戦犯』（日中出版）を出版し、私がその後記を書く羽目になり、続いて天皇訪米、在位五〇周年記念をめぐって戦争責任の問題が取り上げられるようになった。こういうことが契機になって、今度こそは――とペンを執ることにした。

内容は、私自身の体験である「洗脳」の実体を中心にした私の戦後史という形式にし、高度に人道主義的な人民中国の戦犯取り扱いと対比する意味で、他の連合諸国の戦犯取り扱い――戦犯裁判の例などをいくつか拾い、最後に私の戦争責任観といったものを叙述することにした。戦争犯罪と戦争責任は表裏一体をなすものだからである。

ちなみにA級戦犯というのは、第二次大戦の計画、準備、発動、戦争指導等を決定した最高会議の関与者として「平和に対する罪」に問われた者であり、B級は非戦闘員（捕虜・住民）に対する残虐行為の命令者、C級はその実行者として「元の戦時国際法」に問われた者である。

私の場合、統帥《とうすい》権の末端（天皇―「参謀総長」―軍司令官―師団長（旅団長）―連隊長（大隊長）―中隊長）である中隊長の職にあったため、実行者でありかつ命令者として、みずからをB・C級戦犯と規定した。B・C級戦犯は、すべて国家権力によって作り出された宿命的存在といってよいであろう。

最後に、この本を読んでくれる人へ、とくに戦争体験者が戦場でくりひろげられたあの非人道の行為は、なるほどまちがっていた、とわかってくれることを祈るものである。

一九七七年七月

著　者

目次

*

解題

第一編　B・C級戦犯の宿命

著者の足跡

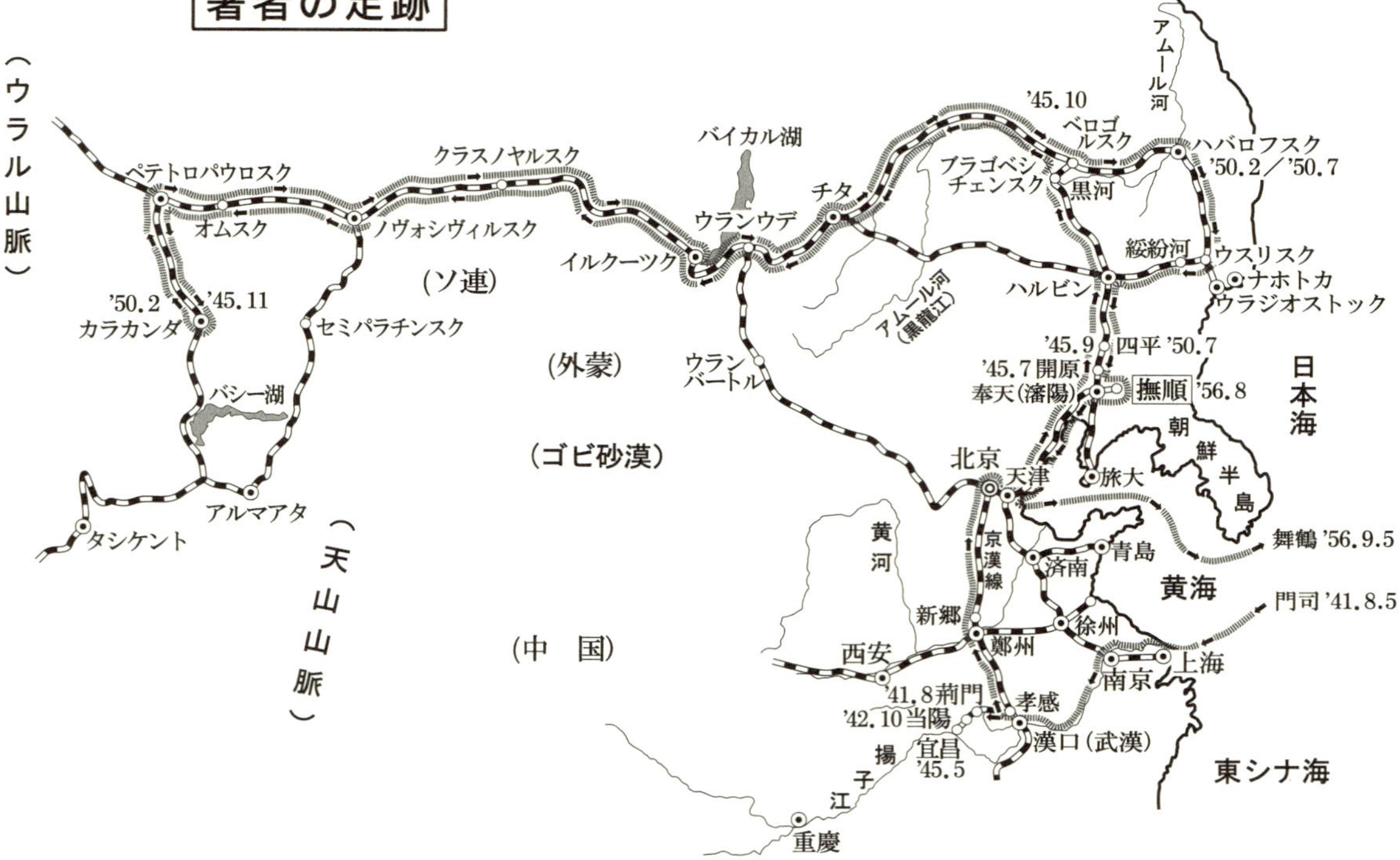

（ウラル山脈）
ペテトロパウロスク
オムスク
クラスノヤルスク
ノヴォシヴィルスク
'50.2
'45.11
カラカンダ
セミパラチンスク
バシー湖
アルマアタ
タシケント
（天山山脈）
（ソ連）
（外蒙）
（ゴビ砂漠）
（中　国）
バイカル湖
イルクーツク
ウランウデ
チタ
ウランバートル
'45.10
ベロゴルスク
ブラゴベシチェンスク
黒河
アムール河
ハバロフスク
'50.2／'50.7
アムール河（黒龍江）
綏紛河
ウスリスク
ナホトカ
ウラジオストック
ハルビン
'45.9
四平 '50.7
'45.7 開原
奉天（瀋陽）
撫順 '56.8
日本海
朝鮮半島
旅大
北京
天津
舞鶴 '56.9.5
黄河
京漢線
済南
青島
黄海
門司 '41.8.5
新郷
徐州
西安
鄭州
南京
上海
'41.8 荊門
孝感
'42.10 当陽
宜昌
'45.5
漢口（武漢）
揚子江
東シナ海
重慶

1　序章——敗戦そして捕虜

忘れもしない一九四五（昭和二〇）年八月九日の午前零時すぎ、寝苦しい暑さもややなごみかけた頃、突如「全満」（東北）の夜空に鳴り響いた空襲警報は、ソ連軍が国境を突破し、わが関東軍へ攻撃を開始したことを告げるものであった。くしくもこの日は長崎に二発目の原爆が投下された日でもあった。

二週間前はるばる「中支」（中国中部）から開原《かいげん》に到着したばかりの私たち第三九師団歩兵第二三二連隊第三大隊は、司令部の位置する四平《しへい》に「直ちに集結せよ」という命令を受け、急拠出動準備をととのえた。そして九日早朝、大隊主力は開原駅へ向かい、列車の到着を待ったのである。しかし列車は姿を見せず、夕方になって「待機」の無電がはいった。翌日再び出発命令が出て、続いて待機命令、こうして三回目の出発命令で主力を開原駅に見送りに行ったのは一五日の早朝であった。

同じ命令が何回も出されてはすぐ取り消される、ということは「赫々《かくかく》たる」伝統を誇る日本軍の指揮統帥上あってはならぬことである。軍中枢部の動転ぶりが余すところなく暴露されている。まさに末期的ともいえる症状であった。そのとき関東軍司令官・山田乙三大将は、新京（長春）の司令部を留守にして旅大地区を視察旅行中であった。

日本では誰も知らなかったが、この年の二月、米英ソ三国の首脳がクリミアでおこなったヤルタ会談で、スターリンはルーズベルトの切なる要請により、対日参戦の時期をドイツ降服（五月九日）後三カ月以内と約束していた。それをちょうど期限一杯の日に実行したわけである。

ルーズベルトの考えによると、日本降服までアメリカが払わなければならないおびただしい犠牲を半減するためには、どうしてもソ連の対日参戦が必要であった。スターリンは、参戦の条件として、日本が日露戦争で帝政ロシアから得た南カラフト、満州の利権（ただし中国・国民政府の了解はなかった）と、千島列島の領有を要求し、ルーズベルトとチャーチルの承認を得た。間もなくルーズベルトは死去したが、後を引きついで大統領となったトルーマンは、初めてこの密約を知り、ソ連に対するあまりにも大きな譲歩におどろいた。すでに原爆の誕生は目前に迫っており、ソ連の参戦は必要でなくなっているばかりか、かえってやっかいな問題をひき起こす心配もあった……。

当時私の指揮する第一〇中隊は「開原死守」という命令を受け、日本人居留民保護のため残留することになっていた。この日も予定されていた列車は到着しなかったので、今日もまた「取消待機」の命令が出るのではないかと大隊長を囲んで話し合っているところに駅の職員がやって来た。「重大放送があるそうですから駅長室においでになりませんか」と言う。大隊長を先頭に将校だけ駅長室にはいった。いつもは広い駅長室も職員で一杯、一同不動の姿勢のましーんと静まり返っていた。

間もなく放送。雑音がひどくてよく聞きとれなかったが、たしかに「朕」という言葉が聞こえ、「ポツダム宣言」とか、「忍び難きを忍び、耐え難きを耐え」というような言葉がきれぎれに耳に残った。部屋の片隅から「戦争は終わった」というつぶやきが聞こえた。大隊長はこの放送を「無条件降服の勅語」だ、と言い切り、固く口を結んだ。大隊長はそれより一年前、南京の総軍で受けた大隊長教育を通じて諸般の情勢を知り、戦局に見切りをつけていたようである。間もなく北上する貨車がはいり、大隊は一路四平へ向けて出発した……。

私の所属する三九師団は、一九三九（昭和一四）年広島で編成された新設師団で、宜昌《ぎしょう》作戦（一九四〇年）以来、揚子江上流の宜昌から当陽、荊門《けいもん》の線（この附近は『三国史』の英雄たちが活躍したところである）、揚子江から漢水の線を、重慶に一番近い第一線部隊として作戦、警備に従事していた。大本営が今次大戦の起死回生をはかる天王山と呼号し、特攻隊まで繰り出したレイテ作戦が失敗し、その後沖縄に続いて上海、杭州間に上陸を予想される米軍に備えるため、四五年五月、警備を交代、長途の行軍を開始したのである。

途中六月はじめ、漢口（武漢）近くの長江埠《ちょうこうふ》に着くと、「満州が危い」ということで急きょ向きを変え、満州へ転進することになった。制空権はすでに我になく、行軍はすべて夜間に限られていたが、その上私の中隊は軍旗護衛中隊となったため、蒸し暑いさなかに鉄帽をかぶり、着剣して行軍するという、半ば「儀式」を続けることになった。京漢線に沿って北上すること一カ月、七月半ば、鄭州で黄河の鉄橋（三八〇〇メートル）を歩いて渡り、それから二日、新郷からやっと貨車輸送となった。貨車は無蓋。雨にあえばテントをかぶり、その上何回となく敵機の襲撃を受けるというありさまだったが、七月末、奉天（瀋陽）北方の開原で、私たち第三大隊は下車した。夏期、三カ月の行軍で体力の消耗ははなはだしく、半分以上の者がアメーバー性の下痢、血便それにマラリヤ熱を再発していた。

八月末にはソ連軍の小部隊が開原に到着、三〇日に武装解除を受け、ここで私たちはソ連軍の管理下に入った。九月はじめ、師団の集結地、四平から同僚の山崎君（現在名佐々木）がソ連軍の許可証を持参して迎えに来てくれ、四平の本隊に合流、しかし本隊はすでに入ソのための編成を終えており、私の中隊は本属の大隊に帰ることができなかった。

私が「中支」にいた頃、一時配属になっていた工兵連隊にはまだ編成上の余裕があり、連隊副官からぜひ来てもらいたいと言われたが、師団司令部との電話線がその直前にソ連軍に接収され、師団の了解が得られず、ついに混成部隊に編入されることになった。わずかこの一〇分の差が運命の分岐点となろうとは、知る由もなかったのである。九月半ば、私たちは四平を後にして貨車で北へ向かった。ハルビンを過ぎ北安から北に行くと、戦闘の跡がなまなましく、あちこちに日本軍将兵の遺体があり、落葉のかかっているのが痛々しかった。文字通り「草むす屍《かばね》」である。散乱する遺体を見るのは、「中支」の戦場でもしばしば体験したことではあるが、戦争の終わった段階でこのような情景に接すると、何ともやり切れない空しさを覚えずにはいられなかった……。

一〇月はじめ、黒河（愛輝）で黒竜江（アムール河）を渡り、ブラゴベシチェンスクからお粗末なソ連の貨車で、延々と続く原始林の中を西へ西へと進み、バイカルを過ぎ、ウラルの手前で南下、カザフ共和国カラカンダに着いたのは一一月三日「明治節」の日であった。すでに寒風吹きすさぶ冬の季節にはいっていた。

はじめ第六ラーゲリに落ちついたが、休む間もなく、私の中隊は白皚々《はくがいがい》とした広野のまっ只中にただ一つだけある第一四ラーゲリ（石山）に送られ、先着の関東軍無線通信連隊の一部と合流、そこで私は、ただちに作業総隊長を命ぜられた。

ここの仕事は雪原に黒々と盛り上がった岩山に、ドリルや手のみで穴を開け、ダイナマイトで爆破、岩のさけ目に先の尖ったローム（鉄棒）を突っ込んで岩塊を掘り起こし、運べる大きさにたたき割るのである。

敗戦―捕虜―シベリア送りとなった精神的打撃、肌を刺す酷寒零下三〇余度、その上少ない配給食糧の上前《うわまえ》をラーゲリの職員にはねられて空腹にさいなまれた体に、作業成果の上がるはずもない。毎日のように作業指揮不良を責められて、「腹一杯食わしたら一〇〇パーセントの成績を出して見せる」と言えば、「一〇〇パーセントの成績を出したら腹一杯食わしてやる」と言う。大きな太陽が地平に傾き雪原を真赤に染める頃、作業を終えてラーゲリへ向かう。どこからとなく「ここはお国の何百里……」の歌声が起こる。凍傷、栄養失調で病室は満員である。明けて四六年の春、私は作業成績不良のかどで、数名の将校とともにラーゲリ追放となった。こうして一九四一（昭和一六）年以来行動をともにして来た中隊と引き離されたのである。

新しい送り先はカラカンダから約五〇キロ離れたスパスク国際ラーゲリである。ここには捕虜収容所の綜合病院があり、その食糧を自給する農場の作業が仕事の内容である。ドイツ、ルーマニア、ハンガリー、チェコ等ヨーロッパ人捕虜が過半数を占めていた。ここでも私は佐官を含む日本人将校の代表におされ、またまた作業指揮をとることになった。

ところがここは寄せ集め部隊でまとまりが悪く、作業の整列、農場への往復の行進、どれもこれも外人部隊、とくにドイツ人にはどうにも見劣りがする。炊事や倉庫のかっ払いはインターナショナルでみんなやっているが、捕まるのは日本人ばかり。キャベツ一個、パン一本盗んで日本人が営倉に入るのに、ドイツ人は炊事場からタルごとスープをかつぎ出し、みんなで飲む。ソ連兵がやって来て「犯人は誰だ」ときくと全員が手を上げて、おれだ、おれだと言い張るものだから処罰のしようがない。一度キャベツを盗んで営倉に入れられた兵隊をもらい下げに行ったら、ソ連将校は「カピタン、君は悪いことをした者をなぜかばうのか、悪いことをした者は罰するのが当然だ。許せば再びくり返す」と言う。「くり返さぬように監督する」と言っても、頑としてきかないのである。

ともかくこんなことが重なって、「監督不行届き」ということで、とうとう私が営倉に入れられてしまった。営倉は衛兵所の裏にあり、厳寒の候、土間に水をまいて凍らせ、その上にスノコ板がおいてある。夕食後から朝の起床時までそこで一晩過ごすわけだが、はじめは気が立っているせいかさほど苦痛を感じない。しかし夜がふけるにつれて腹が減り、しんしんと冷えて来て、それいても立ってもいられなくなる。足に力を入れてせまい部屋の中をぐるぐる歩きまわると、それでも少し体が温まってくる。そこでスノコの上にあぐらをかくと気分が落ちついてウトウトしてくる。眠りにはいろうとする頃、体は冷えてしまい、寒さがズーンと背すじを突き抜け、ブルブルッと身ぶるいして目がさめる。こんなことを何回もくり返していると、眠いのに眠れない苦しさが気持ちをいら立たせ、何ともいえない苦痛がおそってくる。凍死するときは眠くなるとは聞いていたが、ここでは凍死しない程度に苦しめるのである。

「これくらいのことでまいってたまるか」と歯を食いしばっているところに、足音をしのばせて近づいてくる人の気配を感じた。誰だろうと思っていると、とびらの前から小さい声で「カピタン」と呼ぶ。顔をよせてみると、この衛兵所の当番をしている顔見知りのドイツ兵である。格子の間から手を入れて、パンの一かたまりを差し出してくれた。「ダンケ（ありがとう）」と言って受け取ると、口を指で押さえてシーッと言い、そっと立ち去った。焼いてあって、まだ温味が残っていたこの黒パン、ほんとうにありがたかった。わずか一〇〇グラムかそこらのパンだったが、温味のあるパンが胃袋にはいると、体中が温まった感じがした。

この収容所で二人のドイツ人将校と知り合った。一人は中年の教養の高い少佐、一人は若い航空中尉で、この人はキエフの上空で撃墜され、右脚を切断、義足をつけていた。ドイツの小説や映画の話をすると喜んでいた。

ある日少佐が「カピタン、あなたには悪いと思うが、こんどの戦争でドイツが日本と手を握ったのはまちがいだったと思う。日本人は優れた民族だと尊敬の気持ちを持っていたが、ここで一緒に生活してみてがっかりした」と言う。これはまことに痛い批判であった。国民的教養にかかわる問題といったらよいのか、そのあたりのところを指摘され、特定少数の個人がどんなに高い文化水準を世界に誇ってもどうにもならないものなのだ、ということをつくづく考えさせられた。

たまたま旧中隊のM君がここの病院から退院して病院勤務になり、同僚の松田君（第四中隊長）が入院していることを知らせてくれた。早速病室に訪ねると大変喜んでくれたが、栄養失調特有の水ぶくれで、体がパンパンにふくれ上がっていた。下痢をしながら入ソし、それがこじれたのだという。「げんのしょうこを飲めばかならず治るのだが……」と言うので、作業の往き帰りにみんなに手伝ってもらって採集し、陰干しにして乾燥し、飯盒《ごう》で煎じて持って行くと、「うまいうまい」と言って飲んでくれた。

ところが、二、三日後の明け方にM君が飛んで来て、「松田君が危篤だ」と言う。急いでかけつけると、もう意識不明で間もなく息を引き取った。ガーゼに水をひたして形だけのお別れをした。彼も死に切れない思いであったろう。彼とは熊本の連隊に入隊以来ずっと一緒であり、また彼の弟も海軍の現役中尉で潜水艦に乗り組み、アッツ島玉砕のとき救援に出動、はなばなしい戦死をとげ、当時二階級特進となった。

翌日ドイツ人軍医の執刀で解剖がおこなわれるというので立ち合ったが、引き出された腸の内壁はヒダがなくなり、べとべとになっていた。立ち合いの軍医も、こんなにひどいのは初めてだとおどろくほどであった。私は彼の小指を一本切り取ってもらい、炊事の釜場でそれを焼き、小さい骨を綿にくるんで空缶に入れ、リュックにしまっておいて、翌年第一回の帰国者で熊本へ帰るという人に託した。

一九四八（昭和二三）年、私は抑留三度目の春を新設のカラカンダ第二二ラーゲリで迎えた。入ソ以来五つ目のラーゲリである。敗戦後すっかりタガのゆるんだ日本軍の解体の過程で、私は行く先々で将校代表の役を押しつけられ、それに伴う責任を問われてはくり返し追放、たらいまわしにされていた。

このラーゲリでもまたまた「将校代表」である。ここは軍隊と民間人が半々で、民間人の中には、満州から連行された朝鮮人、蒙古人の集団があり、日本人の中には満州ヤクザのグループが三つばかりあった。民間人が先に着いた関係で、炊事、被服関係はヤクザの支配下にあり、食事の分配は不公平だし、勝手に被服を持ち出してはパンと交換し、それを自分たちだけで食べてしまう。だから、彼らは体力があって作業成績も上がるというわけで、ソ連当局の受けがよく、いくら軍隊側から抗議しても取り上げてくれない。

春もそこまで来ていたが、夜になるとひどく底冷えのするある晩、そろそろ寝ようかと思っているところへ、突如ラーゲリの一角で機関銃の射撃音。何ごとかとおどろいて飛び出すと、将校宿舎から一つ離れた兵舎の入口が騒然としており、武装したソ連兵が民間人を追っ払っているところだった。騒ぎは間もなく収まったが、事情をきいてみると次のようなわけである。

ヤクザのやり方に業を煮やした若い兵隊のグループが中心になって、その晩、一番力をもっている親分を兵舎に呼び査問会を開いた。おそらく来ないだろうと思っていると一人で現われ、逆にタンカを切られ、激高した兵隊が袋だたきにして、ひとりでは立てない状態にして外へ放り出した。それを知った数十名のヤクザの子分が、炊事の包丁、作業用のツルハシ、シャベルを持ち出し、なぐり込みをかける。何も知らずに隣の兵舎から便所へ向かった召集兵を真先に血祭に上げ、その勢いで兵舎へ殺到する、待ちかまえていた兵隊側は、寝台から板をはずして応戦、騒然となったところへ急報を受けた警備隊が出動し、機関銃を撃ち出したというわけである。

事件後民間人は他のラーゲリに移されたが、私は早速コミッサールに呼ばれて、「兵隊を煽動したのはお前だ‼」と問答無用で決めつけられ、営倉に入れられたあげく、「懲罰ラーゲリ送り」を宣告された。

2　戦犯としての取り調べ

私を乗せたトラックは、雪解けの泥道を一時間以上ものたうちまわるように走って、あるラーゲリに着いた。ところがどうしたことか、ここは私の覚悟していた懲罰ラーゲリではなく、私と同じ連隊の第一大隊を主力とする第八ラーゲリ（炭坑）だった。将校はみな同僚で、しばらく客分扱いを受けた。

ここは民主運動がかなり滲透していて、間もなく将校は自発的に身をひいて、立候補もせず、選挙で四年兵の兵長が大隊長に選ばれ、新しい指導部ができた。いわば平和的な「政権交代」である。大隊長以下全員が、長い間中支の最前線で生死をともにしてきた間柄であったせいか、ここではシベリア民主運動を特徴づけたとげとげしい「反軍闘争」の形はとらなかった。炭坑だったせいで作業場は固定しており、また従来の関係から、現場責任者には将校がそのまま残って、作業成績はますます向上した。外から派遣されてきていた民主委員長が、「このラーゲリは民主運動のやりにくいところだ」と笑っていたくらいである。

ある日私は委員会を訪ね、ここで初めてポツダム宣言の全文を見せてもらった。ところがその第一〇項に「……われらの捕虜を虐待した者を含むいっさいの戦争犯罪人に対しては厳重な処罰が加えられるであろう……」とあるのを知ってギクリとした。身に思い当たるものがあったからである。

やがて私も一般作業員として土工作業に出るようになり、春まだ浅い寒い風に吹かれながら八時間の重労働を終え、生温い部屋に帰って二段ベッドに横たわると、もう眠くてたまらなくなり、ものを考えることもなくなった。

そのうちに地上作業隊が次つぎにでき、私はロシア語が少しできるということで――入ソ時本属部隊と別れるとき、大隊長が記念に贈ってくれた八杉さんの『ロシヤ文典』を読んでいた――ノルミローシクをやることになった。これは作業隊の毎日の作業量を種類別に整理し、ノルマ表にもとづいて賃金を計算し、現場の事務所に提出、賃金を請求する仕事である。ほうぼうにある作業所をまわる関係で、営兵所を自由に出入できる身分証明書が交付され、カラカンダ中どこでも歩ける楽な身分になった。

一九四九（昭和二四）年の春、この八ラーゲリに民主運動のアクティヴ養成学校が開設された。さきに一九ラーゲリで顔見知りになった地区委員の責任者、板垣君が校長格で指導に当たり、私の旧中隊の山根（現在宮本）君も講師として六ラーゲリからきていた。

要するに、各ラーゲリの若い活動家を集めて、マルクス・レーニン主義の理論学習をやることにより、強烈な階級意識に目覚めさせる。その上で兵士大衆の先頭に立ち、強力に牽引できる実力を体得させる、というのが目的である。

ところでその中に、将校でただ一人、八ラーゲリのK大尉が選ばれていた。彼は同じ連隊で最古参の中隊長だったが、このラーゲリの文化委員をしていたので推せんされたのである。一、二カ月してこの教育が終わり、その卒業式の記念講演ともいうべき意見発表をK大尉がやったのだが、それが「白楊寺事件」の暴露だったといわれる。

「白楊寺事件」。この事件は、一九四三（昭和一八）年の末におきた。師団の主力が、常徳作戦に出動したため、残留の主力部隊となった私たちの連隊は、連日連夜の敵襲を受け、東奔西走していたが、それがやや落ちついたところで、かねてから第一大隊（後に八ラーゲリ主力）が目の上のコブ視していた白楊寺――大隊の第一線から一〇キロくらい奥にはいった山の上に廟があり、そこが中国軍の堅固な陣地となっていて、嶮峻《けんしゅん》のため大隊の力ではどうしても攻撃することができず、また山の下の部落は、塩、油、綿布など生活物資の交易所になっており、ここを拠点として出撃する中国軍のため第一大隊は悩まされていた――を連隊の力で一挙に覆滅しようという計画をたてた。

そこで私の中隊は歩兵団長の直轄となっていたが本属の連隊に復帰し、白楊寺北側に進出、中国軍の増援を阻止する命令を受けた。払暁《ふつぎょう》を期して第一大隊が部落に突入したが、その間、白楊寺の陣地は、砲兵による砲撃で制圧し、山上の廟はみるみるうちに崩れ落ちた。部落に突入した部隊は、逃げまどう女、子どもから老人にいたるまで百数十名をことごとく惨殺し、交易物資は、略奪した牛の背に積んで引き揚げた。

この事件は、わが連隊の歴史に一大汚点を残した罪行であったが、その時K大尉は、一大隊の機関銃中隊長だったのである。

八ラーゲリでは、この暴露を契機に戦争犯罪に対する取り調べが始まった。そこで、K大尉が余計なことをしゃべったからだと非難の声が出はじめた。ソ連側と親しくしている者の中には、ソ連側から「知らぬ、存ぜぬで押し通した方がよい」と入れ知恵された者もあったが、根が単純な日本人だから、知っていることは何でもしゃべる。また、そうすることが「民主主義者」の条件だという風潮もあって、他人のことまで得意になってしゃべってしまう。戦争中のできごとなどは殺人も放火略奪も当然のことで、特に悪いこととはだれも考えていなかったからである。K大尉にしてみれば、アクティヴ教育で侵略戦争の罪悪性について目を開かれ、自己批判のつもりで暴露したのであろうが、一般の者はそこまで考えていなかったのである。

その頃、どこからともなく、中国共産党の毛沢東からスターリンに対して、在ソ対中国戦犯の引き渡しの要請があった、といううわさが流れた。実際一九四九年一月、国民政府軍事法廷が支那派遣軍総司令官・岡村寧次大将に無罪の判決をおこなったあとを受けて、中国共産党は「日本戦犯の再逮捕の権利を保留する」と声明を発表していた。人民解放軍はすでに四八年末、北京に無血入城し、四九年春には、揚子江以北の地域はおおむね解放され、全中国の解放は時間の問題となっていた。

こうなると今度は、いままでのようにペラペラしゃべっては損だという考えが出てきて、自分のことは伏せておき、他人の罪をあばく傾向があらわれてきた。たたけばだれでもホコリの出る「支那派遣軍」である。ソ連としては、自国に関係のない対中国戦犯の取り調べだから、手をかけて本人から白状させるより他人の口を借りる方が手っとり早い。そこで他人のことをしゃべってくれる者は重宝がられ、ソ連の心証がよければ帰国も早いだろう、というわけである。それで後から調べられる者には、自分の関知しないことが確定事実として調査官から押しつけられる、といったことがしばしば起きた。

短い夏も終わる頃、私に呼び出しがきた。取り調べ室には数名の係官がいる。最盛期には、数名の者が同時に呼ばれて調べられていたが、もう余裕ができたのか、私は一人だった。私を担当したのは朝鮮系のソ連人で、軍服は着ておらず、日本語が達者だった。私が席につくと、「君がカピタントミナガか」と言ったきりジロジロ眺め、部隊名、軍歴等形式的な質問をしただけで「もう帰ってよろしい」と言う。あまりの簡単さに拍子抜けした感じがあった。「調査も終わりに近づいて面倒くさくなったのか」とも考えたが、入ソ以来、ラーゲリからラーゲリへ追放タライまわしを受けてきたことからすれば、ソ連の心証のよいはずはなかった。私についてははじめから「中国送り要員」と決定していて、今さら調べる必要もないということだったのだろう。

私の調べがすんで間もなく調査は打ち切られ、高揚していた生産意欲の中にこのことは忘れられて行った。そして早い秋の気配の感じられる頃、いよいよ八ラーゲリにも帰国の順番がまわってきた。しかし、発表された帰国者の名簿には約二割ぐらいの人がもれていた。後始末のため、どのラーゲリでもそうなっているという当局の説明である。しかし、帰る者と残る者の表情には、昼と夜の差があった。

帰国組はさっそく大会を開き、先を争って演壇に上がり、在ソ中の処遇についてありったけの感謝の言葉を述べ、中には「日本では食べたことのないバターやチーズを生まれて初めて食べさせてもらった」と涙を流す者もあり、最後に委員会が用意した「スターリン大元帥」への感謝決議文が全員の賛同と拍手の中に採択され、ラーゲリ所長に委託された。その翌日、おどり上がらんばかりの表情で、主力はラーゲリを出発したが、その後は火が消えたようで、ろくろく口をきく者もいないありさまだった。

K大尉は、はじめは帰国組に入っていなかったが、出発直前に所長に呼ばれ、帰国者につけ加えられた。彼は荷物をまとめる暇もなく、あわてて挨拶してまわり、整列にかけつけた。この異常な取り扱いが残留者の神経を逆なでした。彼は当然残される身分でありながら、白楊寺事件を暴露した「功績」で、特別に帰されることになったと考えられた。しかも、出発直前に帰国者に加えられたことは、トラブルの起こることを考慮したソ連側のずるいやり方だ、とすべての不満と憤りが彼に集中した。中には「日本に帰ったら生かしちゃおかんぞ!!」といきまく者もあった。しかし、対中国戦犯問題の根は、K大尉の暴露とは別に、もっともっと深いところにあったのである。

さて、八ラーゲリの主力が出発したあとに六ラーゲリの残留者が合流してきた。この二つがカラカンダ地区における三九師団関係のラーゲリだった。第八が歩兵二三二連隊（島根）第一大隊、私は第三大隊だが、特殊任務のため四平への集結が遅れ、雑部隊に編入されカラカンダに送られた。第六は歩兵二三一連隊（広島）第一大隊、どうやら三九師団がねらわれているようだった。

第六は、私がカラカンダ到着後最初に入ったラーゲリだが、石切場の第一四から私が追放されて後、一年でここが閉鎖され、その頃、私の旧中隊の者は第六へ移ったのだが、その残留者一〇余名が今度の合流者の中にはいっており、元気な顔を見てほっとした。

そこへ六ラーゲリの委員会の残務を引きついだ水田君が、「コミッサールから残留者の民主運動の指導を頼まれた」と言って協力を求めてきた。今さら民主運動でもあるまい、と思ったが、何はともあれ残留者の秩序を維持することは大切なことであり、協力を約束した。

数日後、今度は地区の通訳をやっていた菅君が現われ、「板垣君（地区委員会責任者）の後を継ぐようにと指示を受けたのでよろしく」と挨拶してまわりながら、「私は最後の残留者と一緒に帰ります」と述べてみんなをなぐさめた。作業の方は炭坑をやめ、地上だけ規模を小さくして続けたが、これまでのようには気勢が上がらなかった。

秋も深まった一〇月末、第二回目の帰国の発表があった。しかし、今度も約半数が残された。私はその頃中国以来のマラリアが再発し、入室治療を受けていた。そこへ私の中隊の最古参の六年兵数名がやってきて、寝台の前に軍隊時代そのままの態度で一列横隊に整列、先頭のI伍長が代表して「中隊長殿、お先に帰らせていただきます。隊長殿もどうか御元気で……」と挨拶した。私はびっくりした。この二、三年「隊長殿」という軍隊語は、もっとも忌み嫌われる「禁句」となっており、せいぜい年長者に対しては「さん」づけで呼ぶようになっていた。私は、「もう隊長と呼ぶのはやめてくれ、ところで中隊でまだ残っている者があるかね？」ときくと、「若い者が二、三名……」と答える。私は暗い気持ちになった。「あるいは……」と思い当たることがあったからである。「君たちも途中気をつけて帰り給え！」と励ますと、「隊長殿もどうか御大事に……」と言って出て行った。

それまで一人残っていた若い軍医も帰ることになり、医者のいない病室にいても意味がないので私は病室を出て、いっそう情勢の悪化した今後のことについて水田君と相談していた。そこへ地区責任者の菅君が現われ、「実は今度の組と一緒に帰るように命じられたので後のことはよろしく」と言う。早速水田君が「君は地区の責任者として最後の残留者と帰る、と言ったばかりではないか」となじった。「私もそのようにソ連側に希望を述べたが、許してくれなかった」と苦しい弁解である。残される者にはそんな弁解は受け入れられないのである。

後から聞いた話だが、彼は帰国列車で私が一四から二二ラーゲリまで一緒だった吉井君（主計）と車中から乗船するまで一緒だったが、若いアクティヴ連中のはね上がりぶりにうんざりしていたという。帰国後、「反動は帰すな」という、いわゆる「徳田要請問題」が議会で取り上げられた時、彼はカラカンダの第九ラーゲリで徳田書簡の内容（某ラーゲリの民主委員が徳田氏へ出した捕虜用往復軍事郵便ハガキの返信）を通訳したということで、ヒューマニストとしての善意からみずから証人を買って出た。彼が通訳したのは九ラーゲリ残留者の「われわれは帰国できるか」という質問に対するエルマーラエフ上級中尉の「……日本共産党書記長・徳田球一は、諸君が反動分子としてではなく、よく準備された民主主義者として帰国することを期待している……」という答えだった。それがその後の民主運動の過程で、「反動は帰すな！」というスローガンに歪曲されてしまったのである。彼はこのことを国会で証言したが、海千山千の議員たちから徳田氏を弁護する真性の「ソ連型共産主義者」と決めつけられ、かえって自分の思想的立場を追及される結果となったことを苦にしてか、衆議院での証言の翌日、中央線吉祥寺駅近くで列車に飛び込んで自殺した。本当に気の毒なことをしたものである。（『日本占領』思想の科学研究会）

第二回目の帰国の後、八ラーゲリも閉鎖されて隣の五ラーゲリに移り、ここがカラカンダ残留者の集結地となった。前のラーゲリの後片づけをしてみると、モスクワへ送られたはずの「スターリン大元帥への感謝決議文」が物置きに放ってあったラーゲリが幾つかあった。このラーゲリで、たまたまベッドが隣り合った三輪君（山口の連隊）と知り合った。彼は建築作業隊の名指揮者として知られていた。

一九五〇（昭和二五）年二月、カラカンダのラーゲリは閉鎖され、ハバロフスクへ移転することになった。五年前東から西へ延々と走り続けた列車が、こんどは逆に西から東へ走って行った。沿線の場景も大きく変わっていた。無人の広野に農場ができ、森林を伐り開いて工場が建ち、町ができていた。ソ連経済も復興から発展の段階に入っているのだろう。来るときその湖畔で顔を洗い、朝食を炊き、一日中走り続けて再び夕食を炊いたバイカル湖の水は、大きくうねった波の形のまま凍って、凄惨とも言える形相を現わしていた。

ハバロフスクに着くと、私たちは二つのラーゲリに分けられた。一つはシベリア民主運動の本流を誇る第五ラーゲリ、一つは帰国後空《から》になっていた第七ラーゲリ。私は第七の組にはいった。数百名の小ぢんまりしたもので、三九師団の者が多く、コンバート（ラーゲリ長）に三輪君が推され、営内の要所のポストに三九師団の仲間がつき、私は作業係となった。水田君は第五の方へ行った。間もなく第五から「遅れたカラカンダの仲間の啓蒙のために」という任務をもって、篠原君を主とするアクティヴが送りこまれ、民主運動の再建がくわだてられた。ここでの作業は比較的軽い建築や土木の仕事だったが、残留につきまとう作業意欲の低下はさほど目立たなかった。

厳しい寒さもやわらぎ、アムール河畔の楊柳が芽を吹き始めると、再び帰国輸送が始まった。作業場の横を走るシベリア鉄道を、毎日のように車体を赤い布で巻き、勇ましいスローガンを書いた貨車が走る。赤旗を振りながら「ガンバレー、一足お先に!!」と叫ぶ人びとを乗せて、威勢よく貨車は東へ向かって走り去って行く。まだ残留者がこんなにたくさん残っていたのかと私も心強い思いをした。ハバロフスクからも帰国列車が出ることになり、私たちのラーゲリからも半数近くが選ばれ、この次はと期待をもたせる状況だった。帰国者は例によって集会を開き、感謝文を決議し署名した。

仲間の半数が帰国してから、帰国列車はピタリと止まった。でも多分、私たちの知らないうちに夜行列車で帰っているのだろうと、私たちはみずからを慰めていた。そこへ突然、帰国列車とは反対に東から西へ——正確には南から北へ——ウラジオストックから送られてきた一団が、私たちのラーゲリに到着し、帰国者の穴を埋めた。

かつて山東省にいた五九師団の者が主力で、そのほかに私たちと同じ師団の者も混っている。師団の仲間たちは、一度帰国列車でナホトカまで行き、そこで足止めされて、ウラジオで作業に従事していたという。早速ラーゲリの広場で対面のセレモニーをおこなって、両方の代表が挨拶を交わし、双方スクラム組んで「団結の歌」を歌った。

そのとき気がつくと、私の正面にバリッとした将校服に中尉の襟章《えりしょう》をつけ、腕は仕方なさそうに組んではいるものの、口は固く閉じ、前方を凝視したまま立っている者がいた。あとでウラジオ組の代表が来て、作業に出ない「反動将校」が五名いると告げたが、私の前に立っていたのがその一人で、後になって知り合った田村（現在金井）中尉だった。数日たってそのグループを代表して海老原中尉が私のところに来て「私たちはソ連のために働く意志は毛頭ないが、近く中国へ送られることは確実であり、中国へ行けば必ず監獄入りとなる。それに堪える体力を作るために労働しておきたい。それで適当な作業場を与えてもらいたい」という申し入れである。ただし、「私たちを敵視する兵隊と一緒に働くのはご免だ」という注文である。そこで彼らのためにソ連側と折衝し、一〇名くらいの作業場を作った。製材所の貯木場の整理である。彼らと話のできる津島（曹長）君ら数名が一緒になって毎日元気に出て行った。

カラカンダに残された頃から、あるいは中国送りになるのではないかというわさは出ていたが、誰もがそれに触れようとはしなかった。ウラジオ組は、ハバロフスク地区にやり残した仕事を完成して同地区の仲間と一緒に帰国させる、という説明を受けて来たそうだが、単純にそれを信じているとは思われなかった。しかし民主運動の残火というか、カラカンダ残留当時より気勢が上がっていた。

夏も近づいたある日、作業場をめぐり、新設されたアムール河岸の階段作りの現場に出かけて河岸に立つと、薄にごりの川の中で、市民はもう水浴を始めていた。ウスリーをあわせたアムールの流れは満々と水をたたえ、悠々と北へ流れている。かすかに見える中洲をへだてて、そのむこうが「満州」だろうと、しばしたたずんだ。

六月末、朝鮮戦争が始まり、南からの攻撃を反撃して、北朝鮮軍は順調に南朝鮮を解放している、とプラウダは伝えていた。

七月半ばのある日のことである。突然、「帰国のため明朝出発、所持金は本日中に使用せよ」という発表があり、ラーゲリに売店が開設された。民主委員会は早速帰国集会を開いたが、恒例の感謝文は取り上げられなかった。何かおかしいという一まつの不安をはらんだ雰囲気だったが、それでも新しい衣服に着換えると、やはりうきうきした気分になった。

翌朝、ラーゲリ内の清掃をすまして、威勢よく門を出て駅に向かう。半年近く働いた作業所がそこここにあった。駅の構内にはいると、新しい軍服を身につけたソ連兵があちこちに立っているのが目につく。やがて長い貨車の列が見え、隊列は止まった。吹き出る汗をふいていると、どこからとなく、この列車がわれわれの乗車するものらしいといううわさが伝わってきた。これまで見た帰国列車と比べると、何とも殺風景である。貨車の屋根の上を、ソ連兵がヒモのようなものを引っぱって歩いている。よく見ると、貨車の前の方から後方へ電線を引いているのである。一同の目がそれに釘づけになった。「あれは電流鉄条網ではないか」と言った者がいる。各車輌を結ぶ電話線だという意見も出たが、それにしては電線が多すぎる。誰もが心の片隅に抱いていた「中国送り」の危ぐは、今や現実的なものとなったのである。これはまさに囚人列車――唐丸《とうまる》籠ならぬ唐丸列車であった。

帰国の夢は消し飛んでしまい、そのかわりに中国へ送られたらどうなるか、という恐怖がつき上げてきた。そこへ、民主委員会から、これまで民主運動の活動家であることを表示するアクティヴ章を取りはずすよう連絡があり、委員が袋をもって集めてまわった。アクティヴとしての誇りはたちまち怒りに変じ、アクティヴ章をひきちぎって地面にたたきつける者、ゴミ箱に捨てる者もあった。中国に送られてもこの章があれば何かの足しになると思ったのか、捨てるに忍びない気持ちがあったのか、ポケットにそっと入れる者もいた。こうして、シベリア民主運動は一つの結末を告げたのである。

3 「唐丸列車」――ソ連から中国へ

「唐丸列車」に押しこめられても、私たちはまだ一パーセント、あるいは〇・一パーセントの希望を持っていた。あるいは、このままナホトカへ向かっているのかも知れない……人間はどんなみじめな境遇の中にいても、一るの望みなしには生きて行けないものである。

ウラジオ組の話では、この鉄路はハバロフスクへ来るとき通ったものだという。そうすれば、少なくともウラジオ方向に走っていることは間違いない。ナホトカはウラジオから少し離れたところにある。ウラジオの少し手前のウスリスクから西へ別れる線路が、旧東清鉄道（満州事変後ソ連から買収して満鉄が経営していた）と中ソ国境で連絡している。だから、途中から西へ向かったら「おしまい」である。

シベリアの夏は、海から遠いだけに、日本の夏よりかえって暑い。その上、「鉄の箱」ともいうべき貨車の中である。小さい窓から吹きこむ生暖かい空気を、魚がアップアップするように吸いこむだけである。それでも日が暮れると寒いぐらいに冷えこみ、いつの間にかいびきをかいて寝こんでしまった。

夜が明けて暑くなる頃、列車はどこかの駅の引き込み線にはいった。どの辺にいるのかさっぱりわからない、ここで大休止。列車から降りて飯を炊く。線路の横に木立があってその陰に集まって休むと、みんなくったくのない顔をしている。抑留生活を長く続けていると、自然と楽天的にならざるを得ない。それに適応できない者は、本当に気が狂ってしまうのである。

夕方になっても列車の動く気配はなく、とうとうここで夜を明かすことになった。翌朝ゆっくり朝食をすませた頃、やっと列車は本線に出て駅のホームに止まった。私の乗っていた車輛は、ちょうど駅の正面に当たる。駅舎の壁には駅名が大きなロシア語で浮彫りにされており、それは「グロテコ」と読めた。「ここはグロテコだ」と私が言ったとたん、車内は騒然となった。グロテコは旧ソ満国境の綏紛河《すいふんが》とトンネル一つへだてた国境の町で、国境守備隊の兵隊が酒を飲めば必ず歌った「綏紛河小唄」に出る町の名前である。これで、今まで持ち続けた一るの望みは、無惨に打ちくだかれてしまったのである。

中国に引き渡されたら「必ず殺される」というのが、私たちに共通した不安であった。誰もがスネに傷もつ者ばかりである。私は最後のラーゲリで作業係をしていた関係で、一応、この車輛の世話係になっていた。そこで私は、「こうなったらもうジタバタしてもどうにもならない、みんな一緒に死のうじゃないか」と訴えた。すると、私と同姓（といっても字がちがうが）の冨長君が、「そうだ！」と同調してくれ、一応騒ぎは収まった。

列車は何とも淋しい汽笛を鳴らして発車、すぐトンネルにはいり、はいったと思ったらすぐトンネルを出て、中国側の綏紛河駅のホームに着いた。

駅のまわりには「中国人民解放軍」の胸章をつけた兵士が充満していた。屈強なソ連兵を見慣れた目には、解放軍兵士がいかにも若く、少年兵のように見えた。ソ連側の将校（輸送指揮官だろう）と中国側の責任者（解放軍には階級章がなく、誰が将校かわからない）の間で引き渡しの手続きがすみ、私たちはソ連の貨車から中国側の客車（満鉄のマークがまだついていた）に乗り移った。

私たちを見送るソ連兵の中には、しんみりと気の毒そうな表情をしている者があるかと思えば、ニヤニヤして「ざまー見やがれ」とでも言っているような顔もあった。こうして千余名の者が、ソ連から中国へ引き渡された。

4　自暴と反抗の日々——撫順戦犯管理所

旧満鉄の客車——敗戦以来客車には縁がなかった——に乗り移って間もなく、昼食のパンが配給された。それがなんと、白パンだったからおどろいた。ソ連では、白パンを食べるのは「上流階級」だけだった。(もっとも重労働をするには黒パンでないと力が出ない、ということもあったが……)白パンは労働者には上品すぎるのである。その白パンを、食べられる者には欲しいだけくれるのである。列車の窓には張り紙がしてあって外は見えないので、勢い話に夢中になる。なぜこんなに待遇がよいのか、これはきっとおれたちを油断させて、そのあとでバッサリやろうという魂胆にちがいないという意見と、この調子ならあんがい殺されなくてすむのではないか、という意見の二つに分かれた。

列車は、車中一泊して翌日の午後瀋陽《しんよう》(奉天)を通り、撫順《ぶじゅん》の駅に着いた。車輛ごとにホームに整列して駅の外へ出る。なんと、駅から私たちが歩く道筋には、両側にズラリと着剣した銃を構えた兵士が立ち並び、まわりの民家の屋上には、かつて日本軍が使用していた重機関銃が据えつけてある。なんとも物ものしい警戒ぶりである。

一〇分ぐらい歩いて、高い煉瓦塀で囲まれた撫順監獄の門の前に立った。ここはかつて反満抗日の英雄――当時日本側では匪賊《ひぞく》と呼んでいたが、中国・朝鮮の側から見れば、祖国と民族の独立のため身命を賭してたたかった民族の英雄である――をたたきこむために「日本帝国主義」が作った監獄である。ここでどんな残虐な拷問がくり返されたことか。その自分たちが作った監獄に自分たちが入れられる――因果応報ということだろう。私たちの中には、敗戦時この監獄の所長だった者もいた。

監獄の門を入って、長いコンクリートの渡り廊下を通り、幾棟も並んでいる監房に、前の方から順番にはいる。一杯になるとそこで区切り、ガチャリと錠が下ろされた。まったく嫌な感じだった。

私の入った監房は一七名、内部はコンクリートのタタキをはさんで両側に五〇センチばかりの高さで床を切り、ゴザが敷いてある。床に上がって荷物を下ろし、入口のドアに目をやると、その上の方に墨痕鮮やかに「日本戦犯管理所」と書いた木の札がかかっていた。これを見て一同大いに憤慨した。「おれたちを戦犯とは何事ぞ！」私たちの考えでは、戦犯とは戦争を発動し、戦争を指導した最高の責任者である天皇、大臣、軍司令官、政財界の大物たちをいうのであって、おれたちのようなチンピラを戦犯呼ばわりするのはチャンチャラおかしい、というわけである。

このような不満はどの監房でも起こり、看守人に向かってその不当をなじった。このことは上司に報告されたとみえて、このかけ札はやがて撤去され、単に管理所と呼ばれることになった。しかしポツダム宣言にある「捕虜虐待の罪」というのが、陰湿な響きをもって私たちの胸をしめつけていた。

やがて第一日目の夕食の時間となり、看守人が食缶を運んで来た。鍵が開いて食缶が二つ入れられた。主食は高粱《こうりやん》、副食は大根とブタ肉のはいった汁物である。高粱飯は中国からソ連にはいってしばらく食べていたし、ソ連では固い飯を食ったことがなかっただけに、とてもうまい。ソ連では腹一杯食べることができなかったので、大きな食器に二杯も食べる者があった。飯が足りなくなると、看守人がまた運んできてくれる。夕食後、一五分運動に出る。この間に便所に行ってもよいと言う。監房内にも便器がおいてあるが、小便はともかく、大便は人の見ているところでは、なかなかやりにくいのである。

こうして日が暮れ、雑談のうちに消灯の時間となり、第一日目が終わった。薄いけれども清潔な布団にくるまって横になる。なかなか眠れないと見えて、あちこち寝返りを打つ音が絶えない。そのうちに、誰かのかすかないびきが聞こえ、いびきの数が次第にふえて、いつの間にか私も眠ってしまった。

監獄の生活は、朝夕二回、計三〇分の運動兼便所のため外へ出るほかは、終日室内に監禁。すべてを裏切られ、ヤケクソの気持ちで、ソ連から持って来た碁、将棋、マージャンが大繁昌である。ときどき新中国を紹介するパンフレットが差し入れられる、誰も見向きもしない。退屈して寝そべっていると、看守人がまわってきて座っているようにと注意する。注意されるとかならず食ってかかるが、看守人はいっこうに相手にせず、柳に風である。そこで、碁石やマージャン牌の製作に熱中する。碁石は飯粒を練りつぶしてこれを丸めて乾かし、マージャン牌は厚紙を切って作っていたが、これでは感じが出ないということで、運動のとき外から粘土を持ちこみ、型を作り、これを窓辺で乾かして気長に作るのである。こうして道具が揃うと、朝から晩まで碁、将棋、マージャン。疲れてくると猥談に花が咲く。管理所当局もはじめは知らぬ顔をしていたが、全監房がこうなっては、さすがに放っておけない。第一、中国人民の汗の結晶である食糧を食べるだけ食べて、その上にさらに要求して碁石を作る、そんなことを見のがすわけにはいかないのである。

そこで監房内の心得について放送があった。もっとまともな生活をするように、ということだったが、その中にあった「このままでは碁博士やマージャン博士ばかりできて将来が心配である……もっと最近の国際情勢に目を開き、自分の将来を考えるべきである」という言葉が私たちの心をひいた。おれたちの「将来」とは何か? おれたちにも「将来」があるのか? 「将来がない」と思ってヤケクソになっていたのである。「あるいは助かるかも知れない」というかすかな望みをもたせる言葉であった。

私たちが撫順に来て間もなく、一人一人に番号札が渡され、それを左の胸に縫いつけた。つまり囚人番号である。私の番号は三七三（サンパイティースーサン）、これが私の呼び名であった。この番号にも慣れてきた一〇月末、急にハルビンへの移動が発表された。朝鮮戦争の情勢の変化に対応する処置であった。さる九月、仁川に上陸した国連軍（米軍）は、北朝鮮軍の背後をおびやかし、北朝鮮軍は退却に退却を続け、国連軍はみるみるうちに三十八度線を突破、あっという間に鴨緑江の線に迫った。管理所当局は出発に先立って「現在、米軍は中国国境に迫りつつあるが、君たちに危害を加えさせるようなことは絶対にない。ただ万一のこと（米軍の不法爆撃など）を顧慮して、ハルビンへ移動する」と、自信と余裕のある態度を示した。間もなく中国人民志願軍の朝鮮戦線出動となり、朝鮮戦争は米中戦争となった。

5　朝鮮戦争のなかで――呼蘭監獄

ハルビン監獄は全員を収容する余地がなかったので、一部は五〇キロばかり北の呼蘭監獄にまわされ、私は呼蘭の組にはいった。ここは満州事変当時、馬占山将軍の司令部のあったところで、その一部が監獄に使用されていた。事変当時、関東軍の主力であった第二師団（仙台）が、馬占山軍を撃滅、馬占山は戦死した、と発表したが、彼はソ連経由でヨーロッパをまわり、再び中国へ帰ってきた。師団長・多門中将は、その責任を問われ、退役となった。

ここの監獄には私たちの前に「反革命分子」が収容されていたというが、彼らと入れ代りにはいった監房には、まだ先住者の体温の温みが残っていた。ここの設備は撫順のそれとは段違いに悪く、粘土作りの「あばら家」といった感じだった。先住者はオンドル（土の床の下に煙道を作り、火を焚くとその煙と火気で床が温まる仕組みになっている）の上に乾草を敷いていた。乾草の上に座ってしゃべっていると、だれかれの別なく、足、腰のあたりがかゆくなってきた。「おかしいぞ」と乾草をかきのけてみると、ノミがウヨウヨしているのである。これはたまらぬ、とみんな土間におりて乾草に火をつけた。すると、ピチピチパチパチ、ノミの焼ける音がすさまじいのである。どの監房も同じことをやっているらしく、看守人が飛んできてドアを開けてくれた。間もなくノミ退治がすんで、新しいアンペラが（むしろ）二枚ずつ支給され、その上に座って着物を脱ぎ、体と衣服についているノミの始末をして、やっと落ち着くことができた。

生活のパターンは撫順と同じであるが、部屋がせまくて、大体六、七人。水道がなく水が不自由で、各部屋バケツ一杯で洗面その他一日の用を足すのである。そこで、水節約の観点から、洗面はコップ一杯、一日の使い残りは毎日一人ずつ体を拭くようにしようと提案し、乃木将軍の故事にならって私が模範を示した。コップの半分で歯をみがき、口をゆすぎ、残りの半分を二回に分けててのひらに受け、顔を洗うのである。みんな同意したが、三輪君が一人で頑強に反対、コップ一杯では絶対に洗面はできないと私の真似をしてやってみせた。彼は歯をみがくのに三分の二ぐらい使って、残りをてのひらに受けて顔を撫でまわしながら鼻をかみ、その鼻汁を顔一ぱい塗りつけ、顔中はなだらけにして、これこの通りと、みんなに見せつけた。これには一同啞然とした。そこでコップ一杯を原則とし、どうしても足りない場合は二杯まで使用できることにした。初め三輪君だけは二杯使っていたが、だんだん遠慮するようになった。

翌日、「各部屋から作業要員として二名ずつ出るように」という指示があった。撫順以来、体を使うことがなくてウズウズしていたので、若い者が、われ先にと出て行った。二時間ばかりで作業を終えて帰ってくると、「どうもおかしい」と心配顔である。実は、運動場の土塀の下に背の高さぐらいの深い大きな横穴を掘らされたが、あの穴の前でおれたちを銃殺するのではないか、というわけである。戦争中は、よく捕虜や非協力的な中国人をひっぱって来て、「敵の密偵」だという理由で自分で穴を掘らせ、その前で斬殺、刺殺したことを思い出したのである。まさか、とは思いながら一同気になることだった。夕方の運動になると、看守人が、便所に行きたい者はあの穴のところで用をすますようにと言ったので、一同顔を見合わせ、穴のふちに立って心ゆくばかり小便を飛ばした。

朝の運動のときは、この穴のふちにしゃがんで尻を穴の中に向けて快便を楽しんでいたが、やがて北満のきびしい冬がやってきて、穴の縁は小便のしずくでツルツルに凍り、危くてとてもしゃがむどころではなくなった。既設の便所は、屋根のついたコンクリートの四角な用水槽のような形をしていて、側壁が二〇センチぐらいの高さになっており、その上で用を足すのである。二、三日吹雪いて掃除ができないと、凍った糞の山ができてアルプスの氷壁を思わせる鋭さをみせ、その上に登って用を足すのが一苦労だった。

食事も撫順よりグンと落ちて、主食は高粱《こうりやん》だが、副食物は冬の間ずっと大根汁だった。三度三度大根にまみえていると、さすがシベリアの空腹にさいなまれた胃袋も、快くは受けつけなくなる。部屋は薄暗くて本は読めないので、碁とマージャンにふけり、関心は朝鮮戦争の成り行きに集中した。米軍が鴨緑江を渡って満州に攻め入り、私たちを解放してくれるのではないか、というのである。ひょっとしたら撫順あたりまで来ているのではないか？　管理所当局は、「再び米軍を南方へ圧迫している」などと景気のいいことを言っているが、そんなはずはない。南方では日本軍さえ一度も、米軍の反攻をはね返せなかったのだから……。しかし、待てど暮らせど米軍はやって来なかった。

ある日、三輪君が小さい紙の包みを開けて、コッソリにおいを嗅いでいる。「それは何だ」と聞くと、にやりとして、「実はハバロフスクを出るとき、大枚をはたいて買った極上の刻みタバコの残りで、刑場で銃殺される前に一服しよう、と取っておいたものだ」と言う。なるほど、ヤマブキ色の、よいにおいのするタバコだったが、そんな芝居めいたことはやめよう、ということで二人で分けて吸ってしまった。

こうして、一九五〇（昭和二五）年の冬も暮れて五一年の春を迎えた。凍りついた雪の上で馬そりのきしむ音を獄窓から聞いていると心臓を突き刺されるような思いがしていたが、春が近づくにつれてそりのきしみも心なしか丸味を帯びてくるようだった。

その頃、突然「撫順への帰還」が発表された。管理所当局の話では、朝鮮戦線は三十八度線附近で固着し、持久体勢にはいり停戦協定も間近い、ということだった。まさかと思ったが、どうもほんとうらしいのである。もう雪もとけ始めていた。秋から春まで約半年、案外早かった。考えてみればこの半年、一度も入浴していなかったのである。それにしては案外みんな汚れていない。お互いに汗臭くも感じない。もっともこんな生活では汗も出ないし、半年も風呂にはいらないことが、ちっとも苦にならなかった。

6 思想転変のきっかけ——ハルビン監獄

生活の知恵あれこれ

呼蘭からハルビンに着いた列車からは、将校と病人だけが降ろされて、他の者はそのまま撫順へ向かった。着いたときはすでに夜も遅く、監獄の仲間はすでに寝ていたが、余裕のある部屋へ次から次へと押しこまれた。私はある部屋へ一人だけ入れられた。中は消灯後で真っ暗、どこに何があるのかさっぱりわからない。じっと立ちすくんでいると、頭の上の方から「富永さんじゃないですか」という声が聞こえた。人の動く気配がして、「ここがあいていますよ」と言って差し出した手が私の体にさわる。その手につかまると、二階に敷いてあった布団の上へ引き上げてくれ、「もう遅いから休みましょう」と言って横になった。誰だろう、声に聞きおぼえもない。私もそのまま寝てしまった。

翌朝起きて顔を合わせたが、知らぬ人である。その人は、「私、田中です」と言って次のような話をしてくれた。田中さんは元満州軍の憲兵少佐だったが、ハバロフスクの第七分所にいる頃体を壊し病室にはいっていた。ちょうどその頃、私が帰国＝中国送りとなったので、私は使い残し（ハバロフスクでは作業係として七〇～八〇ルーブルもらっていた）の一〇ルーブルばかりを、病室の人たちに、タバコでも買ってください、と言って誰かに渡したことがある。そのとき受け取ったのが田中さんだった。田中さんはそれでタバコ（マホルカ）を買い、みんなで分けて中国まで持ってきたと言う。そのとき「ほんとうにありがたいと思いました。シベリアにはいって、あんなうれしい思いをしたのは初めてです」というわけである。私はハッとした。カラカンダの八ラーゲリで、腹の底から自分自身が情けなくなったあることを思い起こしたのである。

そのころ同じ八ラーゲリで一緒だった杉山さんは、私たちが見習士官のとき、「支那派遣軍」要員を南京の総司令部まで送り届けた輸送指揮官だった。当時は、前橋予備士官学校の中隊長（少佐）で、間もなく私たちの師団の広島連隊（歩二三一）の大隊長となり、一年くらいで関東軍へ転出となった。最後は独立旅団の参謀だったそうだが、八ラーゲリではいったん別れて八ラーゲリでまた一緒になった。カラカンダのスパスクで偶然一緒になり、いったん別れて八ラーゲリでまた一緒になった。私がノルミローシク（作業記録係）になって間もなくの頃、洗濯場を訪ねると作業が終わって一服しているところだった。洗濯で白くふやけた手の指先が、赤く皮のむけているのが痛々しかった。

杉山さんにはこのラーゲリで知り合いがほとんどいなかったらしい。杉山さんは言いにくそうに「富永君、五ルーブルばかり貸してくれないか」と切り出した。私もノルミローシクになって初めて金をもらうようになったときで、私のポケットには一〇ルーブル紙幣が一枚はいっており、それでタバコとパンを買うつもりだった。長い間欠乏の生活を続けたあと、やっと自由に使える金を手にすると、その金に対する愛着は並大抵ではない。とっさに「今は持っていないので……」と嘘をついてしまった。杉山さんは「なに、いいんだよ」と答えたが、言いにくいことを言い出して断わられたときの気まずさ、なんとも言いようのない淋しさ、不甲斐なさ、杉山さんのその気持ちが痛いほどわかるだけに、私はいても立ってもいられなくなり、「ではまた」と言い残して逃げるようにその場を去った。自分の部屋に帰り、寝台の上に座って、どうして気前よく貸してあげられなかったのだろう、と自分自身が情なくなった。もし、あの一〇ルーブルが五ルーブル二枚だったら貸せたかもしれない、いや、それでもおそらくだめだったに違いない。それほど金に対する愛着は強く、貸すのが惜しかったのである。

このことはずっと私の心を責め続けたので、次の給料（ノルミローシクには月々の作業成績によって一〇〇～一五〇ルーブル支払われた）を手にしたとき、早速洗濯場に杉山さんを訪ね、「この間は申し訳ありませんでした。今日給料が出ましたのでこれをお使いください」と言って一〇ルーブル紙幣を差し出した。杉山さんはニッコリして「いや、ここの相棒が炭坑の同僚からたくさんもらったと言って分けてくれたので、もう結構です。君も外へ出るので入用だろう……」と言い、どうしても受け取ってくれなかった。

田中さんが「あんなにうれしかったことはなかった……」と言われるその気持ちを裏返しにすれば、あのときの杉山さんの気持ちになるだろう。私の悔恨はいよいよつのるばかりだった。

さて、その後すぐ、部屋換えがあって、各部屋四名か五名になった。ここは鉄筋コンクリートのガッチリした建物だが、これまた「日本帝国主義」の遺物で、反満抗日の英雄たちの怨みがしみこんでいる。ハルビンに残ったのは、将官、佐官、満州国の高級官吏、尉官の古い者と病人だった。どうやら戦争責任の重い者が残された、という感じだった。

ここでは便所も部屋の中にあり、水洗だった。ただ困ったことは、便器である。水洗とはいっても水圧の高い水がほとばしり出るのではなく、汚物を流すのにやっとの水がチョロチョロ出るだけ。この便器で洗面し、食器を洗うのである。もともと口から食べたものが、体内を通って尻から出るだけで、「汚ない」という観念そのものがおかしいのだ、と言われればそれまでだが、長い間にでき上がった習慣を切り換えるのには相当の努力が必要である。しかし努力すれば、古い習慣を新しい習慣に切り換えることができるということは、ここでも実証された。でき上がった習慣というミゾを埋めて、新しい習慣のミゾを掘る――川の流れを変える土木工事のようなものである。

もう一つの問題は、「監房内火気厳禁」ということだった。それまでは大っぴらにタバコを吸っていたのに、ハルビンに来てからは吸えなくなったのである。あのシベリアでも、その後のどんな環境のなかでも、タバコだけはやめなかった。シベリアでは、マッチがなくても火を作る技術を身につけた。早い話が火打ち石である。作業所のどこにでも転がっている鉄片を拾って、硬い石の角にぶっつけると、火の子が飛ぶ。それを衣類の綿に受けて火を作り、簡単にタバコが吸えた。しかし監房の中では金物は禁物である。そこでまた一工夫をこらし、幸い残っていたベルトの金具を利用することにした。陶器製のボタンをちぎって糸を二本通し、糸をよって引っ張るとブンブン音を立てて回転する。子どものころやったあの遊びの要領である。この回転するボタンをベルトの金具に接触させると火花が飛ぶ、これを綿に受けてタバコを吸う。そのうちに火気厳禁の監房でほうぼうからタバコの煙が出るので看守人があわてて出し、服装検査をして金具のついたベルトを取り上げる。ところが、監房には必ず鉄格子があり、金具に不自由しないのである。管理所の職員は「君たちはなんという原始的な生活をするのだ」とおどろいていたが、とうとう当局も一日の使用量を限定してマッチを配給し、おまけに巻きタバコまでも支給されるようになった。

学習への意欲

ソ連から中国へ引き渡されて一年、この期間は、まったくやけくそと反抗の生活だったと言ってよい。ムシャクシャする気持ちを管理所の職員にぶっつけても、柳に風、ぬかに釘、さっぱり張り合いがない、バットの空振りにも似た感じで疲れてしまう。私たちがもっともおそれていた報復的態度は絶対にとらず、侮蔑的な言辞もなに一つない。病人が出ると徹底的に面倒をみてくれるし、生活上の不便は可能なかぎり改善する。そしてその上で締めるべきところはピシャリと締める。

そうこうしているうちに、朝鮮戦争は私たちの予想し期待していた方向とは、まったく反対の方向へ発展してしまった。この判断の誤りは、私たちにとって大きなショックだった。中国の戦線では、局部的にひどい目にあったことはあるが、絶対に負けたことはない、という私たちのささやかな体験からすれば、人民解放軍が世界最強の米軍に対抗できるはずはなかったのである。特攻・玉砕の精神で固まった精鋭なる日本軍ですら太刀打ちできなかった米軍ではないか。その米軍に対し、貧弱な装備で堂々と四つに組み、一歩もゆずらず、むしろ押し気味だとは……まさに「世紀の奇跡」とでも言うほかはなかった。

中国側の私たちに対する取り扱い、朝鮮戦争の推移は、これまで私たちが持ち続けた「中国人は劣等である」、「中国軍は弱い」という観念を、根底からゆさぶるものであった。人民志願軍の強さはどこから出てくるのか。戦争中、私たちは中国人をまるで犬猫のように斬り捨て、突き殺し、部落を焼き払ってきたのに、なぜ報復的態度をとらないのか。これらのことが強く私たちの関心をひいた。

私たちのこのような関心——つまり学習意欲とタイミングを合わせるように書籍がどんどん出まわってきた。はじめは文学関係の本が多かったが、私たちの関心は、政治、経済、社会思想の方へ向って行った。毛沢東の新民主主義論、実践論、矛盾論、持久戦論、人民民主主義独裁論等々が次々に出てきた。「支那事変」のはじめに書かれた『持久戦論』は、日中戦争の前途をそのまま見通したものであり、『矛盾論』は「事物は変化するものであり、変化の根本は矛盾の対立闘争であって、外的条件がこれに作用する。強いものがいつまでも強いのではなく、弱いものがいつまでも弱いわけではない。強いものも弱くなり、弱いものも強くなる可能性、必然性がある。現在は強くても、その強さを支える要因が減少し、なくなれば弱くなり、現在は弱くても、その弱い要因を取り除いて改善、補強して行けば、当然強くなる。それは長期的には発展し、成長する勢力と、衰退し死滅する勢力との対立とみられる……」

毛沢東は、抗日戦争一周年を前にして、この戦争を持久戦と規定し、持久戦には三つの段階があると説いた。第一の段階は、敵側の戦略的進攻、わが方の戦略的防禦の時期。第二の段階は、敵側の戦略的守勢、わが方の反攻準備の段階、すなわち対峙の段階。第三の段階は、わが方の戦略的反攻、敵側の戦略的退却の時期。つまり、劣勢で敵に圧迫を受ける段階から、逐次相均衡する対峙の段階に達し、やがて優勢に転じて逆に敵を圧倒する段階に達し、最後に勝利を獲得する、というわけである。実際、はじめ優勢をもって進攻を続け、戦線を拡げ伸ばして行けば、ますます兵力を必要とし、補給線は伸び、兵力や軍需物資に限りがあれば、必ず限界に達して、進攻を不可能とし、対峙の状態にならざるを得ない。そうなると対峙する両勢力の内部要因がものを言う。

まず戦争の性格。防衛の戦争（正義とされる）と侵略戦争（不正義とされる）の対立。自国の土地で戦っている者と他国の土地で戦っている者、したがって、その土地の住民の支持を受ける者の反感を買い、妨害を受ける者。妨害を受けると苛酷な弾圧をおこない、それはますます激しい反抗となってはね返ってくる。他国の土地で戦っていれば、兵隊自身が何のために戦っているのかという疑問を持ってくる。その上、これを取りまく世界の世論も、侵略を受ける側に同情し、侵略する側に非難を浴びせる。世界の世論を敵とすれば、ますます孤立におちいり、前途は明らかである。日中戦争や独ソ戦争はその典型であった。朝鮮戦争についても同じことが言えるのではないか。中国の国境近くまで攻め寄せてきた米軍に対しては、やっと自由と独立をかち取った中国人民の「祖国防衛」という正義の旗が掲げられる。何のための戦いか、という使命感の有無が、戦う者の士気、すなわち戦力を左右するのである。

こうして、新中国の底知れぬエネルギーの出どころが少しずつわかるにつれ、歴史や社会に対する関心が強くなってきた。監房に差し入れられる書籍は毎回数冊ずつで、一週間ごとに更新される。読みたい本に対しては他の者も同じ思いを持っており、急いで読むために時間が惜しくなってきた。こうなると、一年間続けてきた碁やマージャンには見向きもしなくなる。そんなところへ、たまたま改造社版の『マルクス・エンゲルス全集』がまわってきたので、この際じっくり読んでみようという気になった。この全集は、学生のころ一度は目を通したことがあるが、それは単に読んだ、というだけで、頭の中を素通りしていた。高畠素之訳の『資本論』がとぎれとぎれにやってきた。学生時代の恵まれた環境の中で読んだものは、特別の場合を除いて一般に印象が薄いものであるが、監獄という厳しい状況の中では、取り組み方がちがってくる。それに、利用できる時間が制限されているので、集中力もわれながら驚くほど高まり、グイグイ頭の中に食い込んでくる思いがした。そのうちに、資本論は難解だから、要点を解説してくれ、という要望があちこちから出てくるようになったので、価値の問題――労働価値、使用価値と交換価値、余剰価値――と拡大再生産の過程における生産手段の生産部門と消費資料の生産部門の間に起こる、不均衡からくる恐慌は自由主義経済では不可避である、ことを示す表式などを中心にして、反故紙《ほごがみ》に書いてパンフレットにしたが、これは回覧されて好評を博した。

たまたま、三輪君の監房が食事係を担当しており、彼が食缶の中に、独創的なヘーゲルばりの観念論哲学を展開した紙切れを入れてよこして、「哲学論争」を挑んできた。そこで、こちらは公式的な「唯物史観」をもって対抗、この「論争」は延々一カ月も続いたが、自分の考え方を整理する上で大変役に立った。

彼との出会いは一九四九（昭和二四）年の暮れ、カラカンダの残留者が第五ラーゲリに集まったとき、私はペーチカに一番近い二段ベッドの下の方に陣どり、枕もとに先に帰国した主計の平川君が残してくれた『経済原論』（田辺忠男）と『道理の感覚』（天野貞祐）をおいていた。この二冊は学生のころなじんだなつかしい本だった。用を足して外から帰ってくると、私の寝台の上に見知らぬ男が座りこんで『経済原論』を熱心に読んでいる。私がその横に立つと顔を上げ、ニッコリして「よい本をお持ちですね」と言う。「よかったらどうぞ」とすすめると、「ぜひ読ませてください」ということで、それから話し合うようになった。彼はカラカンダに来る前に、タシケント（ウズベック）で立派なオペラハウスを作った建築作業隊の名指揮者で、ここでも一つの作業場の責任者をおおせつかり、私がそのノルミローシクを引き受け、ハバロフスクの第七ラーゲリでは彼が大隊長をやり、私が作業係をやっていっそう近い関係になった。

彼は旧制山口高商で貿易科を専攻したそうだが、音楽好きで、教室に出るより、はるばる大阪まで宝塚少女歌劇の公演を観にいく方に熱を上げたという。軍隊では、私より二期若い幹部候補生だったが、一九四四（昭和一九）年夏、支那派遣軍が総力を挙げて発動した奥漢線打通作戦（困難になった南方からの海上輸送を陸上輸送に切り換えるため、北京—漢口—広東を結ぶ大陸縦断鉄道の打通をはかった）に、三九師団で編成した二つの「挺身斬込隊」の一つの隊長となり、作戦前に徹底した教育を受けた上、作戦開始と同時に敗走する敵の中に混入し、敵中深く潜入、敵の高級司令部を急襲して壊滅すると同時に、敵後方の情報を適時無電で連絡、大きな戦果をあげて軍司令官から感状を授与されていた。彼は潜行中の極度に神経を消耗する行動をヒソヒソと話してくれたが、飯を炊くにも煙を出さぬように心がけ、食事のとき、飯盒《ごう》に箸のさわるコトリという音にもみんなが神経を尖がらした、と言っていた。四六時中、生死の接点を行動することは耐えがたい苦痛であったろう。彼はこのことをヒタ隠しにしていたが、どこから漏れたか中国送りとなったのである。

坦白《タンバイ》学習と地下牢

このような学習意欲の高まりのうちに、一九五一（昭和二六）年は暮れて五二年となった。

その頃、中国では革命後三年を経て、政治、経済もおおむね軌道に乗り、朝鮮休戦会談も開始され、幹部の中にもほっとした気のゆるみも出てきたのか、官僚主義的弊害や、汚職もぼつぼつ目立つようになってきており、そこで、毛主席の呼びかけで、綱紀粛正の「三反五反」運動が展開されていた。当時は『人民日報』も回覧されていたので外部の状況もある程度わかっていた。この運動は、下級の者が上級者の工作上の誤りを摘発し、摘発された者が大衆の前で自己批判する。自己批判が徹底的で改悛の情も顕著、態度を改める者は許されるが、自己批判が不徹底で、反抗的な者はさらに激しい批判を受け、ひどい者は三角帽をかぶせて町中を引きまわされることもあった。自己批判の徹底度によって、現職にとどまる者、格下げ、追放、再教育、投獄となるわけだが、摘発を受ける前にみずから進んで過ちを認め、進んで大衆の面前で自分の過誤を暴露して自己批判し、大衆の審判を受ける態度が高く評価され、それは「坦白《タンバイ》」と呼ばれた。

この頃になると、私たちの中にも、戦後の世界情勢、アジア・アフリカ諸国民のはげしい民族意識の高揚、相次ぐ植民地の独立と旧帝国主義支配の後退などがわかってきて、これは時代の流れ、歴史の必然なのだ、ということが理解されるようになってきた。一方、私たちは、中国に送られたら、報復的処置をとられることをもっともおそれていた。それは私たちが戦争中、占領者として君臨し、中国人民を「人間」として取り扱っていなかったからである。特に捕虜に対する虐待はひどく、また占領者に対する非協力者はそのまま敵対者と見なされ、容赦なく処刑された。占領軍・侵略者に協力しないことは、その国民にとっては最低限の愛国的行動である。私たちはそういう人たちを徹底的に痛めつけたのである。

それにもかかわらず、ソ連から中国へ引き渡されて二年、私たちが管理所の職員に対してどんな暴言を吐き、反抗的態度をとっても、たしなめられることはあっても報復的、侮辱的言動を受けることはなかったのである。病気になれば医務室へ連れて行って診察を受けさせ、その程度によって病室に入れて特別扱いにする。難病とみられる者は専門の病院に入院させる。ソ連でも捕虜に対しては、人間的には差別しなかったが、しかし、あくまでも経済復興の手段、労働力として利用する観点が強かった。中国では戦犯とはいいながら、その取り扱いにはより温い人間味が感じられた。このようなことから私たちは、戦前から中国人や朝鮮人を一段と低い人間と見る一方、ヨーロッパ人に対してはひけ目を感ずるような精神構造、特に戦争中に中国人に対してとった態度について考えなおさなければ……と思うようになっていた。

またその頃、管理所の職員から個別に呼ばれて、管理所の取り扱い、読んだ本についての感想などについて聞かれ、私たちの古い考え方については、道理にもとづいて批判する、といったことがおこなわれていた。職員はみな軍人だったが、解放軍には階級章がないので、階級はわからなかった——朝鮮戦争の終わった頃、階級章をつけたが、その後再び階級章はなくなった——が、私たちを呼んで話をする人たちは、みな将校で、看守人は下士官だということがわかってきた。そこで将校の職員を「指導員」、看守人を「班長《パンジャン》」と呼ぶようになった。私がはじめて呼ばれて会ったのは、金という指導員で、唯物弁証法について話をきいた。

「事物はすべて変化し発展する。その根底にあるのは対立物の闘争で、現在君の頭の中でも二つの考え方が対立闘争しているはずだ。かつて君たちは武装して中国の領土に侵入し、中国人民を弾圧してきた。しかし、現在は逆に戦犯として逮捕され中国人民の管理下にある。これは弁証法の法則、対立闘争による反対物への転化を意味し、帝国主義抑圧に対する植民地人民の解放闘争に現われている歴史の発展法則である。あくまで古い考え方に固執するか、歴史の発展法則を認めるか、君たちの前途には明暗二つの道しかない。そのいずれの道を選ぶかは君の自由である」というような意味のことだった。

私はその論理は理解できたが、こうあからさまに言われると妙に反発を感じ、「唯物史観や唯物弁証法は、学生時代にも一応勉強したし、今さらそんな説明を聞かなくともわかっているつもりだ」と答えた。金指導員の表情は固かった。「生半可な知識を振りまわすわからず屋」という印象を与えたに違いない。その次のときは張指導員だった。早稲田大学在学中に「支那事変」が起きて中退、という経歴をもち、学生時代の話、新宿界わいの話にすっかり打ちとけてしまった。一回目は世間話で終わったが、二回、三回と回を重ねるにつれて、やわらかい雰囲気の中にも要点をぴしゃりと理論づける論理の確かさに敬服した。後で聞いたところでは、張指導員は「満州国」の張総理の息子さんで、総理官邸の女中さんと結婚して話題をまき、戦後は年老いた張総理についてシベリアまで一緒に行き、身のまわりの世話をし、中国に送り返されると、そのまま指導員となって姿を現わしたのだそうである。張夫人となった女中さんは、中国共産党から送りこまれた党員だったという。

正月の松の内も過ぎた頃、尉官組一〇名ばかりがみんなから離れた監房に移され、翌朝会議室らしい広い部屋に集められた。正面のテーブルには、金指導員を中央にして数名の指導員が並んで席についていた。金指導員は指導科長という地位の人だった。朝鮮系で「満軍」にいたことがあり、日本語が達者で、理論の鋭さには定評があり、冷厳な人であった。一同席につくと、金科長から大要次のような話があった。

「君たちも新聞で知っていると思うが、現在中国では三反五反運動が全国的に展開されている。これは上級の者の工作上の誤り――それは思想上の誤りの表現である――を摘発し批判し、上級者がそれに対して自己の誤りを改め、結果において生産と行政の成果を高め、国家目的の達成をはかるものである。人間が誤りを認めて改めることは、進歩であり、暗黒の道から光明の道への転換である。また批判とは、相手をやっつけ、引き下ろすのではなく、相手が誤りを認め、改めて進歩するよう援助をおこなうことである。批判を受けて誤りを改めることは、立派な行動であるが、自分から進んで自分の誤りを暴露し、徹底的に自己批判して誤りを改めることは、更に立派な行動である。これを『坦白《タンパイ》』というが、君たちはすでに初歩的な学習をしてきたので、その成果を点検する意味で、みずから『坦白』を実行してはどうか。それにはまず、過去に中国でどんなことをしたか、細大もらさず紙に書いてみることである。それは、大変困難で苦しい学習であるが、その成否が暗黒の道から光明の道へ進めるかどうかのわかれ路になる。深刻に考えて取り組みなさい」

金科長の話を聞いて、一同シュンとなった。とうとう来るものが来た、という感じだった。みんな黙々として、冷いコンクリートの廊下を歩いて監房へ帰った。頭ではわかったようでも、いざ実行となるとなかなか一歩が踏み出せないのである。理論と実践の間には、底知れない深淵が横わっている……。

間もなく班長が来て、白紙（ザラ紙）が各人に一〇枚ずつ配られ、足りなくなればいくらでも補充すると言う。こんなにたくさん書くのかと、みんな目をパチクリして腕を組んだまま考えこんでしまった。私の部屋には宮崎、安村（二人とも私の一期後輩）の両君もいたが、一体どう書いたらよいか誰も見当がつかないのである。とうとう昼食の時間となり、これまでにないしんみりとした食事をした。午後になっても、出るのはため息ばかりで、誰も手がつかない。私は、金科長から説明された「坦白」が、本人の進歩のため、暗黒から光明への第一歩だ、ということが、言葉としては理解できるが、実質的には「自白」を要求している、「ドロ」を吐かせるものだ、としか考えられなかった。そこで、どうせ死刑になるのであれば、それに該当する主要な罪行を書き並べたらよかろう、と独り合点して真っ先にペンをとった。

一、一九四一（昭一六）年九月、歩兵第二三二連隊に見習士官として着任した時、連隊集合教育最終日、湖北省荊門県子陵舗にあった連隊本部東方台地において、連隊長大沢虎次郎少将（少将進級と同時に仙台留守第二師団兵務部長に転出することになっていたが、後任の堀静一大佐の着任を待っていた）の命令により、連隊長、各大隊長、中隊長をはじめ、各将校の面前で、教育係田中少尉の指導のもとに、見習士官（二二名）の「腕試し」と称する捕虜の斬殺がおこなわれた時、私は四番目に実行した。

二、一九四四（昭一九）年五月、湖北省当陽県双蓮寺において、私は中隊長として大隊本部から「教育用」として渡された捕虜（密偵）を中隊裏の松林の中で、初年兵係教官斎藤少尉の指揮のもとに初年兵に刺殺させた。

三、一九四一（昭一六）年九月、湖北省荊門県子陵舗北方地区の戦闘に、小隊長として参加、武器を捨てて投降して来る中国軍兵士を捕虜にするのは面倒だと、軽機関銃で射殺させた。

四、一九四一（昭一六）年一二月、湖北省、荊門、当陽北方山岳地帯でおこなわれた冬期山岳作戦に小隊長として参加、連隊長堀大佐の命令により、通過地域の民家一〇〇戸以上を放火、焼却した。

五、一九四三（昭一八）年一二月、常徳作戦残留期間、湖北省当陽県老場北方において第一大隊（大隊長山中少佐）が白楊寺陣地を攻撃、山麓部落民百数十名を惨殺した時、私は中隊長として参加、連隊長浜田大佐の命令により第一大隊右側面の警戒に当たり大隊の行動を援助した。

これだけ書けば十分だろう、と内容をややくわしくしてその日のうちに書き上げた。同室の仲間も私が書き出したので、ペンはとったものの、書いては消し、書いては消し、考えこみ、ここまでは書けるがこれ以上は書けないと、苦悩に満ちた呻吟《しんぎん》がくり返され、隣の監房では三輪と黒瀬（第一大隊長）の口論が始まった。一般から隔離された私たちの監房には、重苦しい空気が充満していた。消灯三〇分くらい前に班長が来て「今日はこれくらいでやめて休むように」と注意した。

第二日目、朝の食事がすむと、再び重苦しい呻吟が始まった。私は、昨日書き上げた原稿を読み直し、余っている紙に清書して一時間足らずで仕上げた。たまたま通りかかった班長を呼び止めて、「坦白書」と言って差し出した。班長はけげんな顔をして「もう終わったのか」と私の顔をじろじろ見ながら、しぶしぶ受けとった。私はホッとした気持ちになり、みんなの苦悩をよそに、部屋にあった本を手に取り、壁に背をもたせて読んでいた。班長が何回も廊下を往復した。昼食がすんで一休みしているところに、班長がやって来て「三七三」と私を呼び出した。班長の後について行くと、昨日の会議室にはいって行く。そこには金科長が厳しい顔をして待っていた。私が席につくなり、科長は私の提出した「坦白書」を手にして、激しい口調で私を叱りつけた。

「これは坦白書ではない。坦白とは苦悩に満ちた厳しい自己闘争の末、深刻な反省の上に立って初めてできるものである。それは幾日も幾日も苦しみ抜いてやっと書けるもので、一時間や二時間で書けるものではない。それに、君は仲間が深刻に苦しんでいるのをよそに、壁に寄りかかって本を読むとは、何という不真面目な態度だ、君は真面目に坦白学習している仲間の妨害者であり、中国人民に対する悪質な反抗者である。君をただちに地下の独房に隔離する」

私はそこから地下室へ連行された。そこはいくつも階段を下りて、まったく陽の光の届かぬ真暗な廊下を、やっと足もとのわかる程度に裸電球がかすかな光を投げ、地下室特有のカビくさい、なま温い空気がよどんでいた。ずっと奥の方まで監房が並んでいるようだが、まったく人の気配はない。先を歩く班長と私の足音だけが、天井に反響する。班長が立ち止まって、一つのドアを開けた。班長は私をそこへ入れると外から鍵をかけ、立ち去った。部屋の真中あたりにチャブ台のような小机があって、その上だけを薄暗い電灯が照らしていた。

だんだん目が慣れてくると、部屋の広さは六畳ぐらいである。班長の足音の遠ざかるのがかすかに聞こえる。足音が消えるとあたりはシーンと静まり返って物音一つしない。四囲のコンクリートの壁を眺めていると、ところどころに壁をひっかいたような跡がある。よく見るとそれは文字の形をしている。目をこらして見つめると、なんとそれは、「打倒日本帝国主義!!」と読めた。さらに「堅決闘争」、「日本鬼子」などという文字があり、血のにじんだ跡らしいものが残っている。これこそ反満抗日の英雄たちが、迫りくる死を前にして、日本帝国主義に対する怒りと怨みを、最大の憎しみをこめて書き残したものに違いない。湿気を含んだ生温い空気には、その怨念がしみこみ妖気さえただよっていた……。

再びかすかな足音が近づいて、班長が私の所持品と布団を届けてくれた。同時に一冊のノート、ペンとインクを渡し、毎日「反省日記」を書くよう言い残して出て行った。

私は、子どもの頃から身内の者の死に直面する機会が多く、小学校の前後に祖父と兄、中学時代に両親を失い、続いて卒業直前、母がわりに私の面倒をみてくれた祖母を亡くして、田舎の生家には私一人となってしまった。当時、二人の兄は上海にいたので、親戚の総意で私は宇都宮にいた長姉のところに引き取られることになった。そういうことから、私には一種の無常感ともいうべきものができて、学生時代には、よく一人で古い寺を訪ねたり、神社の森を歩きまわったり、ときには一週間も人と口をきかないこともあった。孤独は私にとって苦痛ではなかった。

こうして突然、地下の独房に放りこまれて一人になると、これまで体内のどこかにひそんでいた孤独癖がよみがえり、かえって気持ちが落ちついてきた。小机の前に端然と座り、今日の金科長の言葉を頭の中でくり返してみた。「不真面目な態度」と批判されたことは、たしかにその通りである。仲間の真剣な取り組み方とはまさに対称的だった。しかし、どこからそのような態度が生まれたのだろうか？　指導員と話していると、よく「光明の道と暗黒の道」という言葉が出る。「光明と暗黒」とはどういう意味だろう？「光明」は生、「暗黒」は死か、助かるか、助からないか、助けるに値するか、値しないか、それは自分で決定することだという。しかし、生殺与奪の権は中国側が握っているではないか？　中国側に「こいつは助けるに値する」と思わせる行動、そこには欺瞞《ぎまん》もあり得る。あるいは、中国側には「何とか助けてやりたい」という好意、善意があるのに、それがわからないで「殺すなら殺せ！」と捨鉢《すてばち》な気持ち、ふてくされた態度をとっているのだろうか？　第一、「死刑」とか、「銃殺」とかいう言葉を安易に使用すること自体が、不謹慎な態度ではないか。それこそ人間を粗末に扱っている証拠ではないか。私はきわめて事務的に「斬殺した」、「刺殺させた」と書いたが、殺される身になって考えたら、そう簡単にすまされることではなかったのではないか。

私の手にかかって殺された被害者は、二四名の捕虜の一人だった。その前日、私たちの指導教官だった田中少尉は、連隊本部の営倉の前に私たちを案内し、土間に麦ワラを敷いた馬小屋のような部屋に閉じこめられていたこの人たちを指さし、「これが君らの腕試しの材料だ」と説明した。あまりにやせ細っているのに驚いてそのわけを聞くと、明日の計画のために、数日来ほとんど食事を与えていない、ということである。この人たちがどのようないきさつで捕虜になったかは聞かなかったが、おそらく、その年の夏のはじめにおこなわれた「江北作戦」の「戦果」であったろう。

当日、私たちが現場に着いたとき、二四名の捕虜は後手に縛られ、手拭いで目隠しされたまま座らされていた。その前には横一〇メートル、幅二メートル、深さ三メートル以上の大穴が掘られていた。連隊長以下将校が席につくと、田中少尉は連隊長に一礼し、「ただいまから始めます」と報告、使役兵に命じて捕虜の一人を引き立てさせ、抵抗するのを蹴飛ばし、引きずるようにして穴の前に引き据えた。田中少尉は、陸軍戸山学校の長期学生として特別教育を受けた師団随一の銃剣術の使い手であった。少尉は私たちの顔を見まわし、「人間の首はこのようにして斬るものだ」と言い放つや、サッと軍刀のさやを払い、用意してあった水桶から杓子で水を汲み、それを刀身の両側にかける。それから右手で軍刀を一振りして水をきり、捕虜の背後に両脚を開いて立ち、腰を落とし、軍刀を右上段に構えた。「エイッ！」という気合もろとも、目にも止まらぬ早業で、軍刀は振り下ろされた。首は一メートルも飛び、左右の頸動脈から噴水のように二本の血柱が立ち、胴体は穴の中へ転げ落ちた。私たちは、初めて見るあまりにも凄惨な情景に、呼吸も止まる思いだった。

一同呆然と立ちすくんでいると、田中少尉が一番右端の者を指名したので、それから順番に次々に出て行き、私は四番目に出た。私はこの計画が発表されてから、このような行為は人道に背き、国際法に反するのではないかということから、若干の抵抗を感じてはいたが、私にはもっと差し迫った切実な問題が提起されていた。それは、私が赴任した中隊で、私の部下となる下士官兵はみな歴戦の勇士であり、私だけが戦闘の経験がない、というコンプレックスであった。このような部下を指揮するに当たって、「捕虜の一人も斬れない」とあっては野戦の小隊長は務まらない。このような気持ちが、私をむしろ積極的に行動させた。

私は連隊長に一礼して前に進み出た。見苦しい態度をとってはならないと気を張っていたが、案外足はしっかり地に着いていた。穴の縁にはやせ衰えた一名の捕虜が、手拭いで目隠しをされて引き据えられている。義兄の氏原大佐から贈られた粟田口何某のさやを払い、刀身に水をかけ、捕虜のうしろに立った。捕虜はすでに観念しているのか、頭を垂れて動かない。失敗は許されない、と思うとますます緊張してくる。大きく深呼吸をするとすこし気持ちが落ちついてきた。足場を固め、右上段に構え、気合もろとも一気に振り下ろした。ガチリと、何か固い手ごたえがあったが、首は飛び、胴体は血を吹きながら穴の中へ転げ落ち、血なまぐさい臭いがあたりにただよった。刀身の血を水で流し、水をきって紙で拭き取ると、一カ所小さい刃こぼれがあった。きっとあごの骨に引っかけたに違いない。刀身にはギラギラする脂が付着していて、いくら拭いてもとれなかった。あとで正式の道具を使って手入れしたが、それは長い間とれなかった。被害者の「怨念」が滲みこんでいるのであろうか。軍刀をさやに収めるとき、刀身が曲がっているのに気がついた。少し力を加えるとすぐ収まったが、相当無理な斬り方をしたようである。曲がる刀はよい方で、曲がらないと折れる心配があるという。

もとの席に帰って、私はやっと「つとめ」を果たした、という感じを持った。私は「人間であること」より「野戦小隊長であること」を選んだのである。この選択は重大である。それは、私の行為の犯罪構成に決定的な重みをもつ。私はこの行為に対しては、当然みずから責任をとらなければならない。あとでこの異常な体験を妻に書き送ったら、「何という残酷なことをするのですか……」と厳しい批判がはね返ってきた。この軍刀は、岳父の遺品の双眼鏡と一緒に私の出征直前、妻が東京から片手に乳飲み児を抱えながら混雑する三等車で熊本まで運んできたもので、これを手渡すときおそらく「これで人を殺すようなことはしないでください」と心に祈っていたのであろう。

こうして、二二名の見習士官がことごとく血の洗礼を受けた。中には手元が狂って頭に斬りつけ、目隠しがはずれて狂いまわるのを、田中小尉の「突け！」という指示で、あわてて後ろから心臓を突き刺して仕止める、という場面もあった。最後に捕虜が一名残っていたが、田中小尉は将校に向かい、「どなたか希望者はありませんか」と呼びかけた。すると、古参の中尉があらかじめ用意していた新刀の包みを解いて、いかにも気軽に出てきたと思ったら、慣れた手つきで、アッという間に始末してしまった。二四名の遺体は血の海の中に浮いていた。田中小尉から「これで終わります」という報告を受け、連隊長は満足した表情で立ち去った。私は、捕虜の首を斬り落とした瞬間から、これで一人前になった、という実感があった。思えばこの蛮行の瞬間から、私たちは人間であることを止め、殺人鬼に転落したのである。

私の思考は「一人の捕虜を斬った」という時点で止まっているが、その被害者は将来の可能性をすべて奪われたのである。被害者には親あり、兄弟あり、あるいは妻子があるであろう。私が射殺させた投降兵は若くはなかった。一家の一番の働き手を失うことが、その家族にどのように悲惨な結果をもたらすことか。頼りにしていた息子を失った年老いた両親、夫を失った妻と子、その前途に何が待ちかまえているのか。簡単に「民家を焼く」と書く。厳寒の候に家を焼かれた被害者の生活は一体どうなるのか、家が焼けると当然、家財道具、衣類食物もすべて灰になってしまう。それは生活の根拠を奪い、死に追いやることではないか。これまで小さいことだと簡単に考えていたことも、これをつきつめて行けば、その影響するところはきわめて広く、かつ深いものであることに気づき、思わず慄然とした。

また、私は各罪行の前に「連隊長の命令により」、「大隊本部から教育用に渡され」というような表現をしているが、それは私の罪行が上官の命令によるもので、自分の意志から出たものでないことを強調している。それは、自分の責任を免れようとする卑怯な態度ではないのか。双蓮寺の刺突事件にしても、大隊長の命令なら、当然私に伝えられるべきであるが、そのような命令を受けた覚えはないのである。おそらく、斎藤少尉と副官の間で合意されたのを、私が認めた――すなわち、私が命令したのである。もちろん、上官の命令は絶対であり、それを拒否し、反抗することは当時許されることではなかった。それでも非道の命令に対して、命をかけて反抗した者もなかったわけではない。非道な命令を拒否することなく、それに従ったということは、自分もそれを当然と考え、それを認めたか、または自分では正しくない、と思いながらも、それに反抗して自分が処刑されるよりそれに従った方が、自分にとって有利である、と打算した結果にほかならない。それなら、その行為に対してみずから責任をとるべきことは当然である。要するに、自己の行為に対して責任をとるかとらぬか、二つに一つである。命令者は命令者としての責任があり、実行者には実行者としての責任があるのである。

　このような思考の跡を毎日書きつけていくうちに、青いインクの色がだんだん紫色に見えてくると思ったら、今度は日がたつにつれて色が薄れ、とうとう書いている字も見えなくなって来た。そこでこのことを班長に連絡すると、すぐ医務室へ連れて行ってくれた。暗い地下室から明るい地上に出ると、別の世界に来たような感じがする。医務室では病名は知らされなかったが、当分書くのを止めて毎日注射を打ちに来るように、と言われた。これまで書いた日記は班長が持ち去った。毎朝食事がすむと班長が医務室へ連れて行く。ぶどう糖のような液体を静脈に注射する。地下牢に移っても食事は別に変わらないので、日光に当たらないことから起こる症状だろうか。書くことを止められたので、一日中黙然として考えにふける。どうして私たちだけがこのような目にあうのだろうか。

ソ連から中国へ送られた戦犯容疑者は、千六十余名ということだった。その中で湖北省にいた私の属する三九師団関係が二百数十名、山東省で悪名高い「労工狩り」をやった五九師団関係が四百余名、この二つの師団で過半分を占めていた。他にいくつかの師団があったが、その関係者はせいぜい数名から数十名で、他は関東軍憲兵隊、元満州国警察関係、司法関係の人たちだった。三九師団について言えば、歩兵の三個連隊に限られ、二三二連隊では第一大隊が主力で、第二大隊が数十名、わが第三大隊は私の中隊から私以下四名、千余名の大隊の中から四名が選ばれたことになる。師団、連隊、大隊内で各中隊がやっていることはみな同じようなことである。なぜ、このようにかたよったのだろう。「捕虜斬殺」に加わった二二名のうち、戦死・転出を除いても、七名がソ連にはいった。そして私と中崎君の二人だけが残った。大沢連隊長も、退役後「満州国」宮廷に入って、入ソしたというが残っていなかったし、私たちの斬殺を指導した田中小尉（のち大尉）も残らなかった。また、師団では師団長に次いで古い将校は、わが連隊の大隊長二名、その次は私たちで、連隊長や参謀長などの高級将校は一人もいないのである。それに、将校の数も二〇名そこらで、あとはみな下士官・兵である。ソ連当局は、どのような観点でこのような選別をしたのだろうか。その上、三九師団で残された者は、みなカザッフ共和国へ送られた部隊の者ばかりである。カザッフに送られたことが運命のわかれ目となったのか。私の中隊は、開原《かいげん》の死守を命じられ開原に残ったので四平《しへい》への集結が遅れ、着いたときはすでに入ソの編成が終わっていて、原隊へ帰ることができなかった。工兵連隊の方にはまだ余裕があったので、頼んだらぜひ来てくれということだったが、師団司令部との電話線が、その直前にソ連に接収され、わずか一〇分の差で師団の了解が得られず、とうとう雑部隊編入となってしまったのである。「運のめぐり合せ」というものはこんなものだろうか。（のちのことだが本属の大隊も工兵連隊も一九四八年に帰国していた）

私は第十中隊の三代目の中隊長だった。初代のH中尉は宜昌作戦（一九四〇年）で戦死、二代目のK大尉（私の赴任時の中隊長）は江南作戦（一九四三年）で戦死、二人とも戦闘指揮中、腹部貫通銃創を受けて倒れた。K大尉の戦死当時、私は連隊本部付だったが、この作戦で中隊長が五名戦死し、私たちの同期の者がその補充にあてられた。一九四三（昭和一八）年七月一日付で補歩兵第二三二連隊中隊長命第十中隊長、という長ったらしい命令を受けたとき「今度はいよいよおれの番だ」と観念した。この時以来、私は「生きて帰る」という考えを意識的に否定し続けた。シベリアの一六ラーゲリにいたとき、ある一日吹雪がひどくて作業が休みになり、ブラリと中隊の兵舎を訪ね、雑談したことがある。そこへ中隊人事係のK曹長も加わり、「隊長殿、今だからお話ししますが……」と前おきして、思いがけないことを知らせてくれた。彼の話によると、「うちの中隊長は代々戦死している。今度の中隊長にはそういうことがないように、戦闘中、中隊長が前へ出るときはかならず指揮班長（人事係が指揮班長になる）が隊長の前に出て、身をもって隊長を守るよう心がけよ、ということが川本准尉以来人事係の申し送り事項になっており、片寄曹長が戦死する直前（四四年夏戦死）私を呼んで伝えました……」と言うのである。それほどまでに私の身を思っていてくれたのか、と目頭の熱くなるのを覚えた。この中隊の中隊長にまつわる宿命については、中隊の幹部以下が気にしていたわけである。私は「満州」への転進の途中、患者が出ないで馬が使えるときは深夜、馬の背にゆられながら、「そろそろ時期が近づいたかな」と考えたことも一度や二度ではなかった。

そこへ八月一五日、天皇の敗戦宣言である。あるいはこの宿命からまぬがれたのではないか、と私はほっとした。ところが、戦犯として中国送りとなり、今この地下牢で厳しい現実に直面すると、あらためて自分の宿命というものを考えざるを得なかった。

しかし、自分の「不運」を嘆くのは、しょせん後ろ向きの姿勢でしかない。過ぎ去った機会は取り戻すことはできはしない。すべては現在の事実から出発しなければならないのである。私が戦争中中国でとった行動が、明らかに国際法に違反し、ポツダム宣言の「捕虜虐待の罪」に該当することは、厳然たる事実である。たとえ、その行動が上官の命令によるものであったとしても、命令の実行者としての責任をまぬがれることはできない。命令実行者としての自分の責任を回避する者に、命令者を批判する資格はないのである。みずからの責任をとることが、たとえ死につながることがあっても、みずから責任をとった、という基盤の上に、命令者を告発する権利が、いや道徳的責任、道徳的義務が生ずるはずである。

命令者とは、単に直接の命令者に限らず、命令系統につらなる政策を決定した、もろもろの戦争指導の責任者をいうのである。また、同じ罪を犯して逮捕をまぬがれている者についても同じことが言えるだろう。彼らの中には、すでに自分の過去の行動について深く反省している者もあるだろうが、まったく罪の意識のない者も少なくないだろう。個人としてはそれでもすまされるかも知れないが、国民としてはすまされない問題である。戦争中日本軍がその占領地域で犯した罪行、占領地諸国民の心に与えた傷跡は、単なる金銭的、経済的賠償で癒えるものではない。被害者の納得のいく道義的反省と、それにもとづく具体的な行動こそ、過ちを犯した国民の国際社会復帰に絶対必要な条件ではないのか。

医務室へ一週間ばかり通っているうちに、視力はだんだん回復して、字が読めるようになってきた。その頃、金科長から呼び出しがあった。いつもの会議室にはいると、待っていた金科長の顔には、前のような厳しさはなく、やわらいでいた。私の書いた「反省日記」を手にして、「君の反省もかなり深まって来たことを認める。この反省の上に立ってもう一度坦白書を書きなさい」と一〇枚ばかりの紙を渡された。今度は前回のような「お座なり」なものでなく、「自己批判の書」として思い出すかぎりありのままに書いた。一〇枚の紙はたちまちなくなって、さらに追加を申し出る。前回、一〇枚の紙をもて余したのとは雲泥の差である。こうして、二〇枚の坦白書を一週間がかりで書いて提出した。二、三日おいてまた金科長に呼ばれ、「君自身のことについては大体できている。今度は、君の同僚も君のことを書いているので、君も同僚のことについて書いてみなさい」と、数枚の紙を渡された。

他人のことを書くのは何か「告げ口」をするようで、抵抗を感じたが、「相互援助」ということについては指導を受けていたので、その真意に沿うように心がけて書き出した。まず見習士官のとき、「捕虜斬殺」をともにした中崎、第一大隊白楊寺事件のとき、大隊副官としてその中枢にあった宮崎、挺身隊長として活躍した三輪、それに私の中隊で実施した初年兵教育の「捕虜刺殺」に参加した三浦、角二人のことについて書いた。三浦、角、両君については、自分で書きながらほんとうに申し訳ない気持ちで一杯だった。あの事件は私の力で中止させることができたのである。その前日の夕方、斎藤少尉が私の部屋に来て、その日の教育状況を報告したあと、「明日実的刺突を実施します」とつけ加えた。私は見習士官のときの体験を思い出したが、すでに硝煙にまみれた私の心には、非人道にブレーキをかける働きが失われていたのであろう。私はそれを許可したのである。それはとりもなおさず、命令したことを意味する。「そんなことしなくても、立派な教育はできる」と一言いえば、両君は罪を犯さずにすんだのである。

この報告書を書き出した頃から、今度は午後になると発熱するような感じがし出した。何か熱っぽくて体がだるいのである。夕方になるとすっきりする。二、三日たつと、班長が部屋の移動を伝え、地上の明るい独房へ移された。相変らず、近くの監房には人の気配はなかった。一カ月以上も暗い地下牢にいて明るい部屋に移ると、ほんとに娑婆へ帰った、という気持ちがした。移動して間もなく、腰が痛みはじめ、肩のこりがひどくなった。じっとしていることができなくて、コンクリートの壁の角《かど》のところに背中をあて、ゴリゴリアンマをすると少しは楽になる。昼近くなると相変らず熱が出る。ときどき腰の痛みがひどくなって、座っていることができなくなり、班長の足音が遠くなるのを待って横になり、近づくと座り直すことをくり返した。

こんな状態が続いていたが、二月も終わりの頃、呼び出しがあった。班長の後について行くと、例の会議室である。正面に金科長を中心に、この学習を始めたときと同じように指導員が並び、その前に一緒に坦白学習に入った仲間が着席、ずっと離れて右後方に、三輪君が一人ポツンと腰かけていた。入口の近くに私の席があり、正面の仲間を頂点とし、三輪君と私を底辺とする三角形をなしていた。私が席につくと、金科長は厳粛な顔をして口を切った。

「いまから君たちの第一回の坦白学習の総括をおこなう。開始に当たってその心構えについて細かい注意をしたが、それでも過ちを犯す者が出た。しかし、結果からみれば、一応初歩的な成果を上げたものと認める。君たちは、この成果に決して満足してはならない。君たちは、光明の道へやっと第一歩を踏み出したにすぎないのだ。目標ははるかに遠い。君たちは、いっそう学習に励み、自己の罪行に対する認識を深め、困難に打ちかって大きく前進するよう希望する」

おおむねこういったような意味の講評があり、三輪君も私も一般の部屋へ帰されることになった。

今度の部屋には、三輪、宮崎、安村の三君が先に来ていた。三輪君の話によると、私が独房入りして三日目に、彼も「妨害者」ということで独房へ移されたそうである。宮崎と安村の二人は、同期生で同じ大隊でありながら、今度の学習を通じて感情的対立を深めていた。問題は、部下の罪行に対する上官の責任についての見解の対立である。二人は大隊本部で宮崎が副官、安村が情報主任として一緒に仕事していたのだが、当時、安村の部下の情報係下士官・塚本軍曹が、取り調べ中であった「密偵」が頑強に抵抗するので、独断で斬殺した。この罪行について安村は、自分の命令によらず、本人の独断でやったことであるから、たとえ上官‐部下の関係でも、責任をとる必要はないと主張。宮崎は、たとえ命令はしなくても、情報関係の仕事に関しては、情報主任はすべて責任を負うべきで、塚本の罪行に対しても当然責任をとるべきである、安村の態度は卑怯である、と責める。討論は感情的になり、最後はつかみ合いになり、三輪が中にはいって引きわける。安村が法律的責任に限定するのに対して、宮崎は職務上監督指導の任にまで拡大する。二人の見解の相違は感情的にこじれて、話し合いのできない状態だった。私は、この部屋に来てから発熱と腰痛がひどくなり、診断を受けて就寝を許可されていた。医務室では、熱の性質が結核性であるということで入院ということに決まり、三月にはいってハルビン医科大学附属病院（元関東軍陸軍病院）に入院することになった。

7　病院で

カリエスの苦しみ――ハルビン医大附属病院

この病院は、設備といい、取り扱い（医療・看護）といい、申し分なく、こんなにしてもらってよいものかと気になるほどだった。最初にはいった病室は、陽当りのよい広い部屋で、ベッドが四つあった。精密検査が始まり、胸部のレントゲン、血液、尿、心電図等々をとる。三日ばかりして結果が出たが、どこも異常がないということである。しかし、相変わらず熱が出て腰が痛む。熱が出る前に悪寒を感ずるので、マラリアではないかと思い、担当の医師に相談すると、「マラリアの熱ではないが、念のためマラリアの治療をしてみましょう」ということになり、アテブリンを服用してみた。するとたちまち熱がとれ、翌日は発熱しない。先生も頭をかしげながら「やっぱりマラリアですかね?」ということで一応退院。そして三輪、宮崎君らのいる部屋へ戻ると、翌日からまた以前と同じように熱が出て腰が痛むので、再び病院へ逆もどりした。

張先生は「やっぱりマラリアではなかったですね。この熱は結核性です」と言い切り、「腰の痛みはゲンキョク的ですか?」と聞かれる。「ゲンキョク」とは何ですかと聞きかえすと、「限定された局部の意味です」と言われる。私はびっくりである。中国人の先生から日本語の説明をしてもらってまったく痛み入った。(先生は九大の医学部の出身だと聞いた。)腰の痛むのは「腰椎カリエス」ではないか、と腰のあたりをいろんな角度からレントゲンで撮影した結果、やはりカリエスの疑い濃厚、と断定された。カリエスの治療は、局部を固定して動かさないことが第一条件だということで、上半身をギプスで固定することになった。

ギプスの型ができたとき、それにはいるのはまったく嫌だった。先生は「はじめ、はいるときはみんな嫌がりますが、慣れると今度は出るのが嫌になります」と説明する。「出るのが嫌になる」とはオーバーではないかと思った。目をつぶる思いでギプスにはいり、あおむけになっていると、腰の痛みはいっそうひどくなり、熱も常時三九度を下がらなくなった。我慢しにくい痛みとして、これまで中耳炎や痔の痛みを経験したが、このカリエスの痛みはそれらとは比べものにならないほどの激しさで、文字通りの激痛である。終日、熱と激痛にさいなまれて一睡もできない。先生も見かねて麻酔薬を使用してくれる。すると数時間は眠れるのだが、薬が切れて痛み出すと目がさめる。クシャミが出そうになっても、途中でひっこんでしまう。クシャミもセキもできないのである。相すまないことではあるが、私に殺された人びとの苦しみを思い浮かべる。指に針を刺しても飛び上がるように痛いのに、胸に銃剣を突き刺され、えぐられる痛みは、こんなものではない、と歯を食いしばる。被害者の怨念がカリエスとなって私を責めているのなら、責め殺されても仕方がないと思う……。このような激痛と高熱が二週間続いたのち、ある日こつ然として、痛みと熱がとれた。まったく悪夢からさめた感じだった。じっとして動かないかぎり、どこも痛まず、熱もなく、病気という感じがしないのである。

ギプスにはいって一番困ったことは、食事と便所だった。あおむけになったまま動けないので、胸の上にお膳をおいて食べるのだが、はじめのうちはうまく行かず、看護婦さんが食べさせてくれた。ところが、隣の寝台の脊椎カリエスの先輩、池田君は、いとも手際よく一人で食べている。彼はシベリアの炭坑で作業中、岩盤に背中をぶっつけたのが原因で発病し、中国にはいってから膿がたまり、脇の下の皮膚が破れて、膿があふれ出た、という。首に近い背中の部分がお椀を伏せたようにふくれ上がっていた。私も彼の教えを受けて、だんだん一人で食べられるようになった。胸の上においた汁椀から一滴もこぼさず食べられるようになったのには、われながら驚いた。

つぎに便所である。小便は自分でうまく便器をあてがってできるが、大便はそう簡単にいかない。ギプスの尻の部分に穴が開けてあって、寝たままやるわけだが、どうしても出ない。仕方なく、こっそりギプスから抜け出して寝台の下でしゃがんでいるところを、先生に見つかってひどく叱られた。「カリエスは動いたら絶対に治りません。医師の指示に従わない患者の治療には責任がもてません」と言われた。こうなっては絶体絶命、我慢して寝たままがんばってみるが、どうしても出ない。あまり力むと腰が痛む。日がたつと便が固くなるのでいよいよ出にくくなる。とうとう先生にお願いして浣腸してもらった。するとゲンコツのような、コンニャクイモのような形をした塊が、次から次へ出てきて看護婦さんを驚かしてしまった。それから自力で出るようになり、だんだん要領もわかってきた。

ギプスにも慣れて病院生活が軌道に乗ってくると、朝から晩まで寝たままで何もすることがなく、話がはずむ。今度の部屋は三名、脊椎カリエスの池田君は北海道の出身、五九師団で一九四二（昭和一七）年入隊の下士官、入隊前は国鉄に勤務、中央鉄道教習所を出ていてかならず駅長になれる人である。山本君は池田君と同じ師団だが四四（昭和一九）年入隊の初年兵。戦闘に参加したこともなく、もちろん人を殺したこともない。それなのにどうして中国送りになったのか合点が行かず、そのイラ立ちと、シベリアで受けた栄養障害のために歯が抜けてしまい、そしゃくができないことが重なって、極度の胃腸障害を起こしていた。山本君のような例は他にも何名かあったようだ。後になって撫順《ぶじゅん》での認罪学習では、作戦に参加、殺人・放火等の有無にかかわらず、「鉄砲をかついで中国に侵入した」こと自体が罪行である、という認識が一般化したという。それはたしかに高度の認罪感には違いないが、そうすると「支那派遣軍百万」全員が戦犯となり、調査も選別も必要ないことになる。重罪犯人の多くを帰国させて、このような人たちを残したソ連側の調査その他に問題があったと言わねばなるまい。中にはシベリアから帰国の際、ソ連の担当者を買収（一〇〇〜五〇〇ルーブルの相場だったという）してカードの入れかえをしてもらったという話もある。

病院での待遇はきわめてよく、取り扱いは丁重、食事は栄養に注意を払い、私には毎回リンゴがついていた。治療面でも、当時新薬として貴重品扱いだったストレプトマイシンの注射を毎日打ってもらい、これがカリエスの進行を食い止めたのだと思う。日本では、これだけの治療はとうてい不可能だったと言ってよい。しばらくして三人部屋から大部屋に移ったのだが、ある朝洗面を終わって、ひょいと顔を横に向けたとたん、クラクラとめまいがした。たちまち寝台がさかさまにひっくり返り、横の壁が倒れかかり、天井が落ちてくる幻覚に襲われ、思わず声を上げた。看護婦さんが飛んで来て医師に連絡、応急の処置をしてもらって、やっとめまいはおさまった。しかし、吐き気があって、食事がのどを通らず、リンゲルとぶどう糖の注射で栄養を保った。この症状はストレプトマイシンの副作用だろうと、しばらく中止することになった。

めまいが落ち着いた頃、部屋が変わって、陽当りのよい二階の四人部屋に移った。いつも池田君と一緒である。他の二人はY君とO君で、二人とも五九師団の軍曹、池田君とも顔見知りだった。Y君は四一年入隊の五年兵、O君は池田君と同じ四年兵だった。O君は徴兵前に志願して入隊したので、年は一番若かった。「人の嫌がる軍隊に、志願で出てくるバカもある」というその「バカ」ですよと自嘲していた。なんでも検査前に、近所の娘さんと仲良くなって娘さんが妊娠し、父親から「近所の人に顔向けもできない」と叱られたあげく、「きさまなんか早く戦争へ行って死んでこい」と言われ、志願入隊したというわけである。彼の長兄は満州事変で戦死していたが、戦死の知らせを畑で聞いたとたん、父親は心臓発作を起こし、それ以来力仕事ができなくなり、手先の器用さを生かして仕出しの料理をやっているという。一九四五（昭和二〇）年の春、初年兵を連れに内地に帰り、軍曹の襟章をつけ軍刀を吊って家を訪ねたら、両親ともことのほか喜んでくれたが、例の娘さんも未婚で、その子どもが「おじさん、おじさん」となついて来るのにはどうしようもなかった、と嘆いていた。

O君の病気も神経性の胃腸障害で、食べ物の中で、これは嫌だと思って食べると、食事のあとそのものだけ吐いてしまう。そのうち嫌だと思う食べ物がだんだん増えて、吐くものが多くなり、栄養失調になっていた。うどんが好きでよくうどんを頼んで食べていたが、ある日食べたうどんが一〇分もたたないうちにそのままの形で排泄された。それを医師に報告すると、「そんなバカなことはない、食べ物が消化器管を通って排泄されるまでは数時間はかかる」と言われる。そこで目の前で実験されると、五、六分のうちにそのままの形で出てきたのでびっくりされた。一般にはあり得ないことが、神経的・心理的な原因で起こるのであろう。

Y君は十二指腸潰瘍で、いつも胃のあたりがシクシク痛むと訴えていた。彼は独立大隊の情報係で、大隊副官から特別の便宜を与えられ、営外で自由な行動をとっていたという。中国語が堪能で、いつも便衣（ふつうの市民服）を着用し、中国人の間にはいりこみ、八路軍の動静、中国共産党の対住民工作の摘発を主な任務としていたが、一方、国策会社華北交通の綿花収集にも手を貸していた。たまたま彼が捕えた中国共産党の地下工作員が、この地区の党委員会の責任者であることが判明し、大隊長は初年兵用の「教育資料」にせよと命じた。彼はその現場に立ち会ったが、営倉から刑場まで、静かにしかも落ちついた態度で歩く姿が実に堂々としていたという。あらかじめ準備された柱に後ろ手に縛りつけられても表情一つ変えず、目隠ししようとすると、「不要！」とはねつけたが、無理にタオルで目を縛ると、大きく息を吸って「中国共産党万歳！」と叫び、頭を上げて天の一角をにらむ姿勢をとった。初年兵係教官の指示で、下士官が先頭の初年兵に「突撃！　突込め！」と号令をかけると、初年兵は喚声を上げて走り出し、気合もろとも銃剣を胸に突き刺した。かすかに「ウーム」と言ったきり身動きもせず、第二、第三の銃剣を胸に受け、少しずつ頭が下がって行った。しかし、最後まで苦悩の表情を示さず、姿勢も崩さなかった。Y君は、強い使命感と信念に生きる者だけがとることのできる、この立派な態度に、頭の下がる思いがして「自分の方が負けた」と感じたそうである。

こうして冬が去り、春が来て一九五三（昭和二八）年夏も終わり、夜になると冷気を感ずるようになった頃、撫順への移動が発表された。入院者は直接列車へ運ばれ、池田君と私は将官用の車輛へ乗車することになった。二人とも担架のまま、車輛の中に設けられた特別の寝台の上に下ろされた。列車が動き出してしばらくすると、師団長の佐々中将が私のところに来て「君が富永君か」と話しかけ、「連隊は？」と聞く。「二三二連隊一〇中隊です」と答えると、「君は長いこと不自由な体で入院していると聞いていたが、ほんとうに相すまないと思っている。幸い手厚い看護を受けているそうで、どうか辛抱してがんばってくれ給え」と励まして、揺れる車内をよろめきながら席に帰る後ろ姿が目に焼きついた。

師団長には一九四五（昭和二〇）年三月末、私が南京でおこなわれた〝中隊長に対する対米戦闘法の教育〟に師団から参加して帰任したとき、着任早々の師団長に申告した記憶があるが、佐々師団長が直接師団を指揮した作戦は「老河口作戦」だけだった。それでも「師団のすべての罪行に対しては私が責任をとる」と表明して、のち一六年の刑を受け、一九五七年胃癌と肝臓障害のため、刑期中に撫順監獄で亡くなった。遺骨が東京駅に着いたとき、旧師団の幹部はほとんど姿を見せなかったが、同じ列車から降りた三笠宮がホームの端から駆けつけ、遺骨に深く頭を下げ、遺族の人々にねんごろ重な弔問のあったことがせめてもの慰めであった。

撫順療養所

二年ぶりに帰ってきた撫順管理所では、若い仲間たちの「軍国主義」に関する学習の過程で、生産活動の希望が受けいれられ、午後の時間をセメント瓦の生産にあてていた。私たちが帰った頃は、その生産目標を達成して後始末にかかっているところだった。生産終了に当たり、呉指導員から管理所を代表して「君らの汗の結晶であるこの膨大な量の瓦は、中国が共産主義の段階にはいるまで中国の家々の屋根を覆い、中国人民を雨や雪から守ってくれるだろう」という謝辞があったそうである。

私と池田君のベッドは運動場に面した窓際だったので、仲間たちが運動に興ずる元気な姿が手にとるように見えた。二年前の沈鬱な自暴自棄の姿とは、似ても似つかぬ光景である。長い間、元気な仲間と離れて平穏な病院生活をしてきた私は、仲間たちの意識の変化に目を見張るばかりだった。私は何か、取り残されたという感じを持った。そこへどうして知ったか、三輪君が運動場から走り寄ってきて、窓ごしに手まねで「がんばれ！」と励ましてくれた。

撫順に来てしばらくすると、病室から二〇名ばかり、治療の効果を上げるために郊外の療養所に移ることになった。自動車で三〇分ぐらいの人里離れた閑静な別荘地とでもいうべきところだった。たぶん満鉄時代の保養所か、休養施設ではなかろうか。ここでは栄養の高い食事で回復を早めることを目的として、毎食大変なご馳走だった。残念ながら私は食欲がなく、せっかくのご馳走がもったいないばかりだった。ここで初めて担架で外へ出て日光浴することになった。外の陽に当たるのは二年ぶりである。はじめは日陰で少し陽の当たるところ、それからだんだん直射日光に慣れるように配慮された。日光のまぶしさにも次第に慣れて外の空気を吸い、外気に当たることで気分が爽快になり、食欲も少しずつはずんできた。

澄んだ空には、秋特有の、ほうきで掃いたような淡い雲が流れ、自分自身がその中へ溶けこんでしまいそうになる。ふと、子どもの頃が思い出される……。隣の村の小学校の運動会に二〇〇米徒競走の選手として招待され、賞品にもらった半紙一帖を小脇に、仲間と一緒に、アメ玉をしゃぶりながら、稲のたわわに稔ったたんぼ道を帰る。ひときわ高い柿の木のてっぺんで、もずがキリッキリーッとあたりの空気を引き裂くように鳴いていた。さんさんと降りそそぐ秋の陽に、汗ばんだ顔で「ただいま！」と元気よく玄関をはいると、「お帰り！」と祖母がにっこり迎えてくれる。「これ今日の賞品！」と言って差し出すと、祖母は顔中しわだらけにしてことのほか喜び、仏壇へ持って行って供え、引きかえに供物の菓子をおやつにくれる。病気がちの母は火鉢の横に座っていて、やはり機嫌よくお茶を入れてくれる……。それから同級生からたった二人が中学に進み、長い学校生活。やっと終わって社会に出、結婚したら間もなく軍隊へ、そして中国の戦場へ……。はっとわれに帰り、「これでよいのだろうか？」とそっとあたりを見まわす。歩ける人は思い思いに歩きまわり、あるいは日なたぼっこをしながら話しこんでいる。中国ではどうして私たちをこのように待遇してくれるのだろうか？　もともとどのような取り扱いをされても文句の言えない私たちなのに……。

思えば入院以来二年、ずっと本を読んだことがない。ここに来て初めて中国画報やパンフレットに接した。私の認識は、ハルビンの独房以来足ぶみ状態である。まわりの情況は刻々変化し、発展しているのに、私はあいかわらず同じところをウロウロしている。すべての事物は変化し、同じ状態というものは存在しないという。そうすれば足ぶみとか、停滞とかいうのは、きわめて緩慢な変化――目に見えないような進歩か、退化か、あるいはそのくり返しだろうか。私の場合どう考えても進歩はあり得ないし、微分的な退化が集積されたら、大変なことになると思った。頭を使わなければならない。脳細胞はその活動を停止すれば必ず退化する。寝ながらでも考えることはできる。頭の訓練を怠ってはならぬと思った。

これまで読んだ矛盾論や実践論をはじめとする毛沢東の考え方を思い起こしてみると、中国での実際生活を通じてソ連で体験したマルクス・レーニン主義――それはスターリン主義として歪曲されていたかも知れないが――とは何かニュアンスのちがった幅広さと包容性があるように感ずるのである。西欧的考え方と東洋的考え方とのちがい、と言えば俗な表現になるが、同じく事物発展の根源を矛盾の対立闘争と見るにしても、西欧流のAかBか、敵か味方かという二者択一的な考え方に対して、中国では敵と味方の間に存在するところの、敵にもなり得るし、味方にもなり得る第三勢力――スターリンにも「中間勢力の獲得」ということはあるが――の存在を認め、その勢力を友人とし、味方につける工作を重視し、同時に条件の変化によっては敵も味方になり得るし、味方もまた敵になり得ることをいましめる。そのような柔軟な考え方が、この幅広さ、包容性を生み出し、私たちの取り扱いにも表われているのではなかろうか。

事物が変化するように、人間も変わる。事実私たちも、かつては虫を殺すのも嫌がったのに、平気で人を殺すようになった。そこには戦争——とくに他国の土地を侵す「侵略戦争」という特殊な状況のあったこともさることながら、その特殊な状況の中にやすやすと——若干の抵抗があったとはいえ——はいりこんで行ったという精神のあり方に問題がある。それはまさに誤った教育の「成果」であり、軍国主義的風潮を強めていった社会環境であろう。小学生の頃から儀式といえば「君が代」を歌い、教育勅語＝国民道徳を最敬礼で聞かされ、修身は忠君愛国を教え、天皇を背景とする権力に対しては、絶対従順であるようにしつけられてきた。同時に日本民族—天孫民族の優秀性が説かれ、アジア諸国民に対する蔑視の思想が植えつけられた。もっとも義務教育から高等教育に進むにつれて、日本の歴史や国体というものについて、「建て前と本音」の区別はだんだんわかってはきたが、その考え方が独り歩きできる前に満州事変が起こり、五・一五事件（一九三二年）、二・二六事件にかけて、治安維持法の対象が左翼運動から自由主義・科学的思考に及び、天皇機関説が否定されて美濃部博士が国賊呼ばわりされ、津田教授や河合教授の著書が発禁となり、支那事変が勃発（満州事変と類似したやり方で）するとジャーナリズムはこぞって「聖戦」を謳歌、嫌が上にも好戦的雰囲気を盛り上げた。このような状況下に、戦場では恥ずべき罪行がくり拡げられたのである。

弱者に対してごう慢な者は、強者に対して卑屈である。それは人間の尊厳性に対する自覚の欠如を意味する。人間としての自覚に徹しておれば、弱者や後進者を蔑視し、強者や先進者に対して卑屈になることはあり得ない。日本民族の優秀性を主張するなら、他民族の優秀性も尊重すべきである。人間に差別はない、ということは初歩的ではあるがソ連で体験した。しかし、人間を尊重する思想は、中国の監獄で身をもって体験したことである。『持久戦論』にも「戦争の目的は敵を絶滅することである。しかし、それは抵抗力を絶滅することで、肉体を絶滅することではない……」とあった。

人間は本来どうあるべきか、ということがわかるにつれて、自分の過去の姿が恥ずかしくなってきた。しかし、事物変化の理論からすれば、私たちが人間から鬼畜に転落したということは、逆に鬼畜から人間へ立ち帰ることも不可能ではない、ということではないか。中国人民が私たちに求めていることは、口では言わないが、この鬼から人間への転生ではないのか。だが人間が変わると言っても、それは外部からの圧力だけでできるものではない。人間から鬼への転落に際しても、非人道的な命令に従うか、従わないか、人間の道か、鬼畜の道かはみずから選択したものなのである。いかなる名医も、その助言を聞き入れない患者の病気を治すことはできない。助言を聞き入れるか、聞き入れないかは本人の決定によるのである。病気は医者が治すのではなく、病人自身が治すのである。指導員からしばしば聞かされた「明暗いずれの道をとるか、それは君たちが決定することである」というのは、このことではないのか。一方、中国人民は、私たちに何かを強制することを避け、私たちの自覚をうながすための努力を重ねた。看守に当たった班長たちは、収容された当初の私たちの反抗的態度、罵詈《ばり》・雑言《ぞうごん》に対して、夜の批判会で口をふるわして憤慨したということである。

しかし、個人的感情を抑えることが工作の原則として強調され、指導員自身も感情が激してくると、隠し持った鏡でそれとなく顔を映して反省していたという。このように中国人民の血のにじむような精神的援助が、われわれに対しておこなわれたのである。

北風と太陽の譬《たと》え話のように、中国人民は人道主義の温かみによって、私たちのかたくなな心を解きほぐし、認罪への眼を開いてくれた。これが寛大政策の精神というものではなかろうか。

病室で考える

療養所で一九五四（昭和二九）年の正月を迎え、春もたけなわとなって私も元気になり、生気を取りもどした。多くの人が療養の成果をあげて、初夏の頃、撫順の病室に帰ってきた。私と池田君はみんなと別れて小部屋にはいった。そこには血圧で倒れた佐々木到一中将が一人で寝ていた。佐々木さんは元満州国最高顧問であり、陸軍きっての「支那通」で蔣介石南京政府の軍事顧問をしていたというが、南京入城の際は十六師団の旅団長で、入城後南京の警備司令官を命ぜられた人である。彼は一九三九（昭和一四）年に出した自伝の中で、南京入城の状況について「午後二時ごろ概して掃蕩を終って背後を安全にし、部隊をまとめつつ前進、和平門にいたる。その後俘虜ぞくぞく投降し来り数千に達す。激昂せる兵士は上官の制止をきかばこそ片っぱしより殺戮する。多数戦友の流血と十日間の辛酸をかえりみれば兵隊ならずとも皆『やってしまえ』と言いたくなる」と述べ、南京大虐殺の一面を描いたが、この頃はすっかり好々爺になっており、間もなく亡くなった。

それからしばらくして、Iという判事がはいってきた。彼は日本カソリック教会の代表であった当時のT最高裁長官の実弟だということだったが、シベリアや中国に来てから一緒にいた人の話では「ペンより重いものは持ったことがない、ピアノのない家には住めない……」等々、育ちや毛並のよさを誇る言動が多く、まわりの人々の反発を買っていた。彼のはいってきた姿は、私にはきわめて異常に見えた。病室に入るときは、誰でも持ち物は最少限にし、普通、洗面具だけ持ってくるものだが、彼は災害時の避難民のように、背負えるだけのものを背負い、持てるだけ持つというかっこうでやってきた。それに、その持ち物が、デコボコの飯盒や、空缶の灰皿、薄汚れた布類など、ガラクタばかりである。自分のものは肌身はなさず持ち歩かなければ気がすまないのだろうか。あまりにも豊かに「上品に」育った彼に、シベリアでの厳しい生活が身にしみて、その対極がこうなったのだろうか。そういえばハルビンの監獄で運動のとき、彼らのグループと一緒になったが、彼が一人グループを離れて私たちが運動していた広場の隅のゴミ捨て場に来て、タバコの吸殻を拾っているのを見かけたことがある。ぜいたくな生活環境に慣れてしまうと、不自由な生活の中で自制とか、我慢するとか、不自由に耐えることができなくなるのだろう。

　間もなく、私と池田君は大部屋に移った。そこは八名ぐらいの部屋で、その中に大連の警察署長をしていた杉浦警視がいた。「関東州」では一番格の高い署長だそうである。それだけに「思想」も堅固で、今も戦争中の考えを持ち続け、「反動」の典型のように言われていたが、話してみるとそうでもなかった。私たちが移ってくる前に日本共産党の悪口を言った、とかで学習委員会から大河原君がその批判にやってきた。はじめはおだやかに世界の情勢から説き、だんだん熱を帯びてきて滔々と弁じ、最後には叱りつけるような口調になった。その言わんとするところは

——戦後世界情勢の特長は、世界人民の利益を代表する社会主義陣営と、独占資本の利益を代表する帝国主義陣営との対立であり、中国革命を契機に盛り上がる人民勢力は、帝国主義勢力を圧倒しつつある。その人民の先頭に立って戦っているのが各国共産党であり、共産党は民族のワクを越えて国際的連帯を強めている。日本共産党と中国共産党は兄弟党である。日本共産党を非難することは、すなわちその兄弟党である中国共産党を非難することである。現在、中国人民の手厚い治療と看護を受けておりながら、その中国人民を指導する中国共産党を非難するとは何という不遜な態度だ——というような論理だった。杉浦さんは終始目を閉じたまま聞いていたようだが、そのような論理は通じないようで、大河原君が帰ったあと、「なかなか雄弁な人ですね」と言っていた。

撫順では私たちが療養所に行っている間に、宮崎君が全員の前で、残虐無道の斬殺三十余名に上る自己の罪行を徹底的に暴露し、深刻な自己批判をおこない、続いて植松君（憲兵）が、陰部に火箸を突っ込むなどの残酷無惨な罪行をやったことを暴露した。これが「坦白」の典型となり、そして、これを手本として自己批判と相互批判を通じて自己の罪行に対する認識を深め合う熱烈な認罪学習がくり拡げられた。それは五四年一杯続いた。

その情況は、同じ部隊（または役所）の者がいくつかの部屋に集められ、取り調べ官の前で各人ごとに自分の罪行を暴露し、他の者がその態度、ほんとうに被害者の気持ちになり切って、憎しみをもって自分の罪行を摘発しているかどうか、供述にあいまいな点はないか、などについて徹底的に批判する。一方、批判する者の態度が暴露者の罪行に対して、心から憎しみを感じているかどうかが他の者からまた批判され、取り調べ官からは「なっていない」、「君たちは自分を殺そうとしている」などと批判され、同じ者が三回も四回も暴露をくり返す。あるときは、同じ人が一日中暴露をくり返すこともあり、食事もノドを通らず、夜も眠れぬ日が続いたという。中にはその苦しみに耐え切れず、自殺をはかる者も出たが、自殺はもっとも卑怯な責任回避として厳しく批判された。この認罪学習の烈しさは、後になって、みな一様に「二度とあのような試練は受けたくない」と言っているくらいだったが、それは同時に、戦争中に犯した過ちを、二度とくり返してはならない、という決意の表明であった。

認罪学習が一段落したところで、私たちの自主的活動の指導機関として、学習委員会が作られていた。管理所から示された若干名の候補者の一人に各人が投票して、得票数の多い者を数名選ぶ方法だったという。その結果、委員長・宮崎、学習委員・小山、文化委員・国友、生活委員・大河原、創作委員・三輪、体育委員・佐々木（現在、広野）その他無任所の委員に山根（現在、宮本）、中崎、中村、大畑の諸君が任命された。その後の活動はすべてこの学習委員会の手で運営され、学習は、認罪をいっそう深める意味で、さきの「坦白」で暴露した自己の罪行を侵略戦争の罪悪性を摘発する手段として、これを文章に綴る創作活動へと発展していた。

大河原君が病室に来た数日後、三輪君がやってきて、目下、展開されている創作学習の説明をおこない、代表的な作品をいくつか紹介した。中には、無骨そのものの兵隊の書いたものとは思えないほどすぐれた作品もあった。このような活動は病室にいてもできるから、ぜひやってみてはどうか、ということであった。（この時書かれた原稿の一部が、あとで『三光』と題し、光文社のカッパブックスの一つとして出版された。）

一方、文化活動、体育活動も盛んで、演芸会、体育大会が委員会の計画で活発におこなわれていた。私と池田君は、担架で運ばれてよく見える場所で見学させてもらった。演芸会では三所と四所――所内には旧軍隊の兵舎のような建物が並んでいて、第一、第二と番号がついており、第三から第六までが日本人を収容する建物、そのうち第三と第四が尉官以下、下士官兵、第五が佐官（高等官）、第六が将官（勅任官）、そして第三と第四が諸活動の中心になっていた――の競演が見もので、三所が花笠おどり、八木節を舞台一杯くりひろげると、四所はビキニ環礁でおこなわれたアメリカの水爆実験のため、放射能で汚染されたマグロが売れなくて困っている漁民の苦しみを訴えて、それぞれ大カッサイを受ける。体育大会では委員の考案した見事なマスゲームや体操、三、四所選抜チームによるバレーボールの対抗試合、一〇〇メートル、二〇〇メートル、八〇〇メートル、一五〇〇メートルの競争をはじめ、走り高跳、幅跳、重量挙げなどもあって、両所の応援合戦が盛大をきわめた。

四年前、ソ連から中国送りとなり、この監獄に閉じ込められた時のヤケクソのすさんだ生活、その面影はもうどこにもない。これまで胸の奥深く隠していた醜悪な罪行、汚物をすべて吐き出し、心の染みをきれいに洗い流し、精神の健康を取り戻した人間の表情とも言えようか。たしかに人間が変わったのである。

しかし、五所、六所ではまだ取り調べが進行中であり、一部の人にはまだ暗い陰が残っていた。このような状況の中で、三、四所ではドアの鍵が取り外され、規定の学習時間（大体午前中）が終わると、各部屋、自由に出はいりできるようになっていた。炊事も生活委員が、料理の経験者を集めて日本人向きの料理を作り、正月や中国のお祭りには特別料理が作られ、食べ放題ということだった。

一九五五（昭和三〇）年、春にはまだ間のある頃、「歩ける者は講堂に集合」という連絡が病室に伝えられ、例のように、私と池田君は担架で運んでもらった。講堂はすでに一杯で、私たちは後ろの方に席を与えられた。間もなく拍手が湧いて、壇上に現われたのは田村（現在、金井）君だった。私はびっくりした。

田村君は中国渡しになる直前、ウラジオストックからハバロフスクの私たちのラーゲリに合流した五九師団の仲間と一緒にやってきたが、彼らのグループ五名は、この時期になお、将校服に階級章をつけ、バリッとした服装をしていた。彼らは元関東軍参謀・津森中佐を中心とする将校団の構成員で、国際法を楯に、①将校の身分明示として階級章をつける、②将校は労働を強制されないことになっているから労働はしない、③捕虜に思想を強制してはならないことになっているから思想教育に参加しない、という三原則をつらぬき、ソ連の取り扱いとシベリア民主運動に徹底的に抵抗した。この将校団は、「戦犯」、「軍国主義反動将校」として民主運動のリーダーから目の仇にされていた。

この集団も一時は数百名に達したが、次々に帰国して、一九四九（昭和二四）年ごろは数十名になり、中国送りになったこの五名の他の人たちは、対ソ戦犯となり、ソ連の国内法によって「祖国に対する反逆＝資本主義幇助《ほうじょ》」の罪で、強制労働二五年の刑に処せられた。ソ連でこのような刑に服した人が二五〇〇人もいたという。私もカラカンダでソ連の将校が「ヤポンスキーは『さむらい』だと聞いていたが、こんど接してみるとみんなダメだ。しかし、一人だけ参謀肩章をつけ、頑としてソ連の指示に従わないのがいる。彼は『さむらい』だ」と話していたのをおぼえているが、おそらく津森参謀のことだろう。卑屈で迎合するような人間より、頑として筋を通す人間に、敵ながらあっぱれと感じたのだろう。

その田村君が全員の前で思想転変の過程を報告するというのである。彼は落ちついた口調で、一語一語、嚙みしめるように報告を始めた。まず、これまで頑固に意地を張って仲間に迷惑をかけてきたことを詫び、ソ連から中国へ移されてその取り扱いがうって変わり、はじめは疑いを持っていたが、二年たち三年たち、中国人民の人道主義的処遇を通じて人間本来のあり方がわかり、自分の過去に対する反省の心も芽生えていた。しかし、自分を反動将校・軍国主義とののしり続けたシベリアのアクティヴ連中と同じ行動をとることは、シベリア民主運動に最後まで屈しなかった津森将校団の一人としての誇りがこれを許さなかった。そこにたまたま日本から慰問袋が届いた。それは、彼の出征以来十数年、彼の帰国を待ちわびている婚約者からのものだった。その中にはいっていた手作りの人形とそれにつけられた詩を手にして、そこから伝わるそのうちに秘められた待ちわびる人の切々たる想いが、彼のかたくなな心をゆさぶり、人間の心を呼びさました。その人間の心をもって過去をかえりみ、現在を思い、過去、中国人民を傷めつけ、悲惨のどん底におとしいれておきながら、いま、その人たちの同胞からどのような取り扱いを受けているか、ほんとうに相すまないと思う——それをシベリア民主運動にこだわって、素直に中国人民の真情を受け入れようとしなかったかたくなな自分が恥ずかしい……。彼の報告は延々二時間に及び、その間セキする者もなく、彼と同じ気持ちにひたっていた。まことに感銘深い報告だった。

田村君の報告があってからしばらくして、私の旧部下、山根、三浦、角の三君が、病室にやってきて私の枕もとに立った。山根君は一九四二（昭和一七）年入隊で、四年兵の伍長、彼らの初年兵教育は、私が教官として担当した。三浦、角の両君は、四四（昭和一九）年入隊の二年兵で、兵長、同年兵のトップだった。この上に五年兵、六年兵がいて、敗戦時在籍二一一名、その中この三名が私と一緒に残ることになった。山根君はどうして残されたのか、思い当たることがなかった。彼は初年兵教育を終わるとすぐ事務室勤務となり、作戦には指揮班で出たし、直接戦闘に参加することはなかった。三浦、角両君については初年兵教育時の「刺殺事件」で、かねがね心を痛めていた。

角君がまず口を切った。「今日は元中隊長だったあなたの認罪を援助するため来ました。だから、言葉も同僚なみにします」と前置きして、「中隊長の認罪書には、昭和一九（一九四四）年五月、双蓮寺台上でおこなわれた私たちの『刺突訓練』のとき、現場に立ち会ったにもかかわらず、そのことについて書いてないのはどういうわけか。中隊長はそのとき、軍刀を前に立て（その姿勢を示す）私たちの動作を見ていたではないか」と言うのである。この件については、教官の斎藤小尉（盛岡高等農林で宮沢賢治の後輩。連隊長の信任が厚く、下士候補の教官となったが、一九四四年夏戦死）からその前日、「大隊本部の営倉にいる『密偵』を刺突訓練に使用する許可を得ましたので、明日実施します」という報告を受け、私は「人に見られない場所でやれ」と指示した。

当日、昼前私が執務中、斎藤少尉が現われ、「これから実施します」と報告して、裏山へかけ登って行った。私はその後からついて行った覚えがないし、現場に立ち会っておれば、その情景を覚えているはずだが、まったく記憶がないのである。あるいは、「中隊附の松岡中尉がいたのではないだろうか」と言ったが、「絶対に中隊長がいた」という。そして「どうして認めないのだ、責任回避だ！」と責め立てる。それで、「この罪行の命令者は中隊長の私であり、責任はすべて私にある。私が現場にいたか、いなかったかは私の責任の有無に関係ない。君たちがどうしてもいた、というならそれに従ってもよい」と言うと、ますますいきり立ち、「問題は自分で認めるか、認めないかだ!!」とどなる。私が黙っていると山根君が初めて口を切り、「では、よく考えといてください」と言って、なおもいきり立つ角君をなだめながら、帰って行った。

そのあとで、このいきさつを隣で聞いていた池田君が、「富永さん、あれはまずかったですね。松岡中尉のことを出したのは」と言う。言葉はやわらかいが、それは痛烈な批判だった。現に「いた」のと「いなかった」とでは大きな違いである。私は現場にいた記憶はないが、いたかも知れないのである。実際、彼らは私の被害者である。私の命令がなければ、このような罪を犯さないですんだのである。その上、ここでは私が唯一の証人である。命令の被害者が、命令者に対して強い責任の取り方を要求するのは当然である。その後、彼らの来るのを待っていたが、退院するまで現われなかった。のち退院してから山根君に会って聞いてみたら、角君は「もう一度行こう」と主張したが、指導員の方で「他の罪行については正確に書いているのだから……」と言って止められたとのことだった。学習委員の一人になっていた山根君は、笑いながら「正直に言って中隊長は遅れているなーと思った」と卒直に批判してくれた。

春もたけなわとなって、運動場から管理所の煉瓦塀越しに古い塔の見える台地の草が、ひときわ青さを増した頃、続いて二本の映画が来た。『箱根用水』と『どっこいおいらは生きている』である。運動場の隅に設けられた野外劇場の正面に大きな映写幕が張られ、私たち病室組の右側が中国人グループで、私のすぐ目の前に、元満州国皇帝の溥儀《ふぎ》さんと張国務総理が、並んで地面に腰を下ろしていた。この人たちは、私たちと一緒にシベリア送りとなり、再び一緒に中国送りとなって帰ってきた。しかし、この人たちの身分は戦犯ではなく、日本帝国主義の中国侵略に協力した「売国奴」、「漢奸」という身分だったが、取り扱いは私たちと同じだった。

映画は、箱根の「芦の湖」から沼津方面へ灌漑用の水路を作り（これは今も残っている）、それに全財産をなげうった江戸商人の心意気を描いたもの。後者は、敗戦直後の東京の焼跡に生きる庶民の姿。焼跡から水道の鉛管をこっそり掘り出して警官に追いまわされ、クズ屋に売り飛ばして生活の資をかせぐ中村翫ヱ門の姿に、東京の生活も大変なことだと思った。しかし、そこには庶民の、困難を生き抜くしぶとい魂と、健康な笑いのあることを知ってほっとした。上映中に、よい場面になるとみんな拍手するが、私の前にいた溥儀さんが、ある場面で拍手した。しかし、他に誰も拍手する者がいないのでバツが悪そうにすぐやめ、あたりを見まわしていたが、幸い夜のことで誰も気がつかず、私もほっとした。大清帝国の末裔《まつえい》として、辛亥《しんがい》革命のあと、旧臣に守られて天津の片隅でひっそり暮らしていたのを、「満州事変」をひき起こした日本の野心家どもに引っぱり出されて、このような目にあい、気の毒な人である。

その頃、温先生から「ギプスを出て歩いて見なさい」と言われ、ギョッとした。普通なら三年もギプスにはいって寝てばかりいるのだから、一日も早くギプスから出たい、と思うのが当り前だが、ギプスから出るのが何となくこわいのである。三年前、ギプスに入るのを嫌がる私は、温先生から「慣れると出るのが嫌になりますよ」と言われ、「まさか」と思ったが、その通りになってしまったのである。まったくギプスが体の一部になってしまっている。ギプスから出たら腰骨がポキンと折れそうな気がする。その日は一日ぐずぐずしていたが、翌日みんなに手伝ってもらって、そっと起き上がってみた。そして座ったら大丈夫。そっと足を伸ばして床におろし腰かけた。少しずついざって窓ぎわに寄る。隣の池田君が笑って見ている。窓枠につかまって立ってみた。窓に沿って一、二歩歩いてみた。歩ける！　カリエスの初期、足がひきつるように痛んで歩けなかったが、もう大丈夫のようである。そこへ張先生が来て「どうですか」と聞かれる。「この通り歩けます、どうもありがとうございました」と深々と頭を下げた。先生も一緒に喜んでくださった。

こうして、毎日起きて、座ったり腰かけたりする時間を少しずつ延ばして、歩く練習をした。歩くとき腰と右足の内股に、少しひきつるような痛みを感じたが、大したことはなかった。起きて用足しができるのが何よりうれしかった。とかく便秘がちだったのが、起きて便器に腰かけてやると、まことに調子がよい。二、三日たって、車で瀋陽（奉天）に出かけ、義足や義手を作っているところでコルセットの型をとってもらった。一週間もすると、総革製のコルセットが届けられてきた。こうして、三年間その中で過ごした石膏製のギプスは不要となり、持ち去られることになったが、今度は別れるのが名残り惜しかった。コルセットを着けていると、胸を圧迫して息苦しく感じたが、これで腰椎への負担を軽くして彎曲を予防できるというので、我慢して使っているうちにだんだん慣れてきた。

この頃から運動の時間には、これも特別に作ってもらった杖をついて外へ出て、三年ぶりに元気な仲間と顔を合わせ、話をすることができた。みんなも喜んでくれた。外へ出るようになって間もなく、ハルビンで知り合った朝日新聞の泉君がやってきて、「少し協力をお願いしたい」と言う。何のことかときくと「指導員から創作の課題として『どのようにして軍国主義者になったか』を書くよう言われているが、いつそうなったのか……もちろん、ある日突然そうなったわけではないが、その過程がつかめない。君の場合はどうだったか、教えてくれないか」というわけである。私の方は、学生時代からどちらかと言うと硬派で、唯物史観にも理論としては関心を持っていたものの、思想にはならず、いわばすんなり戦争にはいりこんでしまったようだ、と答えた。

彼は旧制高校時代、左翼運動に関係して留置場入りをし、県教育界に名を知られていた両親をいたく悲しませたという。太平洋戦争の初期、報道員として南方作戦に従軍した同僚が、輸送船のデッキで酒を汲み交わす二人の将軍の情景を、「……満月を杯《さかずき》に受けて赤道を下る、君はバタビヤを衝《つ》け、われはバンドンを陥《おと》さん……」というように表現した記事に感激し、戦争末期には中支の呂武集団（三十四軍）報道班長として活躍、戦後は、米軍の目を避けるため偽名を使っていた。かつての左翼もしたたかな軍国主義者になったわけである。

「とにかく頼む」と言い残して彼が立ち去ったあと、晴れ上がった空を眺め、運動場を見まわすと、煉瓦塀の下にしゃがんで土をいじっている人があちこちにいる。杖をついて近づいてみると、ハエの卵を集めている。ハエ絶滅運動の一環である。これが全国的に実施されているという。空缶に何杯というのを各所ごとに集めて集計するそうである。その効果は夏になってきめんに表われた。

そのようなある日、アジア・アフリカ会議に出席した日本代表が、その帰途中国に寄り、管理所を訪問する、という発表があった。そして突然、私に面会の知らせである。一体誰だろうといぶかりながら出かけると、面会所に当てられた大広間ではもう幾組かの面会が始まっていた。私が導かれたテーブルには、眼鏡をかけた小柄な若い紳士が待っていた。まったく見知らぬ人だが、ニコニコしながら迎えてくれた。立ったまま「私、富永ですが……」と言うと、向うも立ち上がって「私も富永です」と言って一緒に笑い出した。管理所で示された名簿を見て行くうちに「富永」という名前を見つけ、自分と同姓だから面会を申し込んだ、というわけである。富永さんは当時、東大助教授、生産技術研究所で真空の研究をしておられる方だった。私が上半身コルセットをはめ、ぎょうぎょうしいかっこうをしているので、「どうしたのですか」と聞かれる。「実はこう、こうです」と三年間の病院生活の話をすると、「中国はよくもそんなによく面倒をみてくれましたねえ。中国を知る上に大変参考になりました」と言っておられた。写真を撮って「東京へ帰ったら留守宅へお届けします。何か伝言はありませんか」と言われるので、「カリエスで長いこと入院していたが、ご覧の通り元気になったから心配いらない、とお伝えください」とお願いして別れた。

　三年間、天井ばかり眺めて寝ていたせいか、もともと記憶力は悪い方ではなかったのに、それが我ながら鈍った、と感ずるようになっていた。だんだん健康が回復するにつれて、早く一般の部屋へ帰り、元気な人たちと一緒に生活したいという気持ちが強くなる。その反面、元気な人たちが認罪学習の過程で集団的切磋琢磨に堪え、血のにじむような認罪闘争を経て、本来の明るさを取り戻しているのに対して、私の方は病室という、いわば温室の中で観念的な思考を続けてきたにすぎない。このコンプレックスが、一般の部屋に復帰したい希望の裏に、一まつの不安の影をおとしていた。

　一九五五（昭和三〇）年の暮れも近くなった頃、とうとう退室の許可が出た。温先生は、「一般の部屋へ帰っても決して無理をしないように……。なお具合が悪くなったら、すぐ診察を受けなさい」と言われる。先生には「ほんとうに長いことお世話になりました」と心からお礼を申し上げ、三年間ずっと寝台を並べてきた池田君をはじめ、病室の人たちに別れを告げ病室をあとにした。みんな心から励ましてくれた。（池田君はずっと寝たままだったが、帰国後元気になって国鉄に復職している。）

8　認罪への遠い道のり——「第三所」での生活

認罪学習の総括

第三所で、私は三井君の部屋にはいることになった。彼は同じ師団の山口連隊（二三三）の出身で、私より一期若い幹候（幹部候補生）出身だった。入隊前は小学校の教師をしており、温厚な、人をそらさぬ人柄だった。部屋は二〇名ばかりの大世帯で、憲兵や警察関係の人が半数ぐらいおり、知らない人が多かった。隣の四所は、三九と五九師団の若い人——といっても三〇半ばの人が多く、三所に比べ「先進的」だが、それだけに尖鋭な気分が強かった。私には三所の雰囲気が親しみやすかった。三年ぶりに規則正しい生活に帰ったが、もともと軍隊生活は身についており、すぐその中へはいりこめた。コルセットをはめている姿が痛々しく感じられるのか、何をするにもまわりの人たちからいたわられる立場である。私はつつしんでその好意を受けることにした。

しかし、認罪闘争で鍛えられたこの人たちの学習態度は厳しかった。言葉そのものが思想の表現と見られる。討論の途中で被害者の「死体」、「死骸」というような言葉が飛び出すと、すぐ「それは被害者をはずかしめる言葉」だと指摘される。それは「遺体」であり、「遺骸」と表現すべきだと教えられる。「中国人」、「中国国民」と言えば、その中には売国奴や反革命分子も含まれている。人民民主主義革命の敵、帝国主義とその手先、国民政府を代表する官僚独占資本、封建的悪徳地主、その他反革命分子を除く、新政権を構成する人たちが、「中国人民」と呼ばれるのである。学習委員が各部屋をまわって討論に参加し、アドバイスする。

こうして学習時間がすむと、日常のなごやかな雰囲気に帰る。学習中に批判された者も、批判した者も、さらりとしていてこだわるところはない。大体午前中が学習にあてられ、午後は運動の時間である。天気のよい日はみんな外へ出て、体育委員の指導で一〇分ぐらい柔軟体操をし、元気な者はボール遊びをしたり、走りまわったりするが、老人は散歩したり、自由に話し合ったりする。碁や将棋の場所も設けられてあった。雨のときは、開放された各部屋を訪ねて討論問題を話し合ったり、世間話をしていた。

私が三所へ行って間もなく、学習委員長の宮崎君が訪ねてきた。彼が最近全所向けに放送した「認罪学習の総括」が学習討論のテーマになっていたが、その放送に使った部厚な原稿を持ってきて、私に批判してもらいたいというのである。その放送は病室には放送されず、私は聞いていなかったので、現在の討論テーマが何かを私に知らせようという厚意から持ってきたのであろうが、私の方はめんくらった。彼の話によると、私が入院した後、ハルビンでは私たちの第一回の坦白《タンバイ》学習のあとも引き続き数回おこなわれ、坦白学習のすんだ組は、午後の時間、屋内作業、主として封筒作りをしたという。そして、その売上金の中から賃金（手間代）が支払われ、その金で各人思い思いに万年筆や読みたい本を注文して買ったそうである。彼は自分の理論不足を補うために、ソ連で出版されている日本語版のスターリン著『レーニン主義の基礎』を購入、これを熟読して、一応自信をもって今度の原稿を作ったという。まだまだ不備な点があるはずだから、卒直な批判を聞かしてもらいたい、というわけである。読んでみると、やや冗舌《じょうぜつ》気味ではあるが、実に現在の状況を正確にとらえた、内容豊かな、理路整然とした論文で、私の批判する余地はなかった。よくもここまでやった、と感心した。

彼は私と同じ連隊で、一期下の幹候だったが、東京高師出身、嘉納先生最後の直弟子で柔道五段の猛者だった。先生は一九四〇（昭和一五）年のオリンピックを東京で開催するという決定を取りつけて帰国の途中、船中で亡くなったが、それまでお宅で起居をともにしていたという。彼とは一九四二、三年の頃、連隊本部で一緒になり、敗戦当時は一大隊の機関銃中隊長だった。カラカンダの八ラーゲリにいたとき、坑内で意地の悪いロシア人監督を投げ飛ばしてチュルマ（監獄）行きとなり、スパスクの監獄に送られ、そこを出て、当時スパスクにいた私と一緒になり、再び別れてカラカンダ残留組で一緒、それからハバロフスクの第七ラーゲリでも一緒だった。連隊本部で彼は、前例のない幹候出身の連隊旗手——普通、旗手は、陸士出の現役少尉の最右翼の者が選ばれていた——で、私は功績係をしていた。あるとき、連隊長のところに書類を持って行ったとき、彼が先に来ていた。彼は副官の仕事を手伝っていたが、「こんな書類に判がおせるか！」と叱られ、突き返されているところだった。彼は「ハイ」と答えて引き下がった。私が判をもらって帰るところへ、再び彼が現われて、書類を差し出した。連隊長は一目見て、「何だこれは、前とまったく同じではないか。ふざけるでないっ！」と大声で叱りつけた。すると、彼はまた「ハイ」と答え、ケロリとした顔でスタスタと引き下がった。この連隊長は、陸大出身、鼻ッ柱の強いやかまし屋で有名で、大隊長以下ピリピリしていたが、この人の前でよくもこんなふざけたことができるものだ、とそのしぶとさに驚いたことがある。シベリアにいた時は、マルクスのマの字も口にしたことがなく、民主運動が盛んになった頃は、よく「私は、いつも傘を二本用意しておく。雨のときは雨傘をさし、天気のときは日傘をさす」と言っていた。それが、中国に来て学習を始めて、三年でこんなものが書けるとは、まさに驚嘆に値することだった。

正月が近づくと、演芸会の準備にとりかかった。三所から出す「おどり」の一つを同室の津田君が担当し、夜になると私たちの部屋で練習した。「越中じゃ立山、加賀では白山、駿河の富士山日本一だよ」という民謡におどりを振りつけるのである。津田君は元憲兵曹長の無骨者だが、実にうまく創作するのである。そこには単なる既成のおどりの復元ではなく、創作がおこなわれていた。この出し物はなかなか好評だった。

こうして一九五五年が暮れ、五六年の正月を迎えた。私たちが中国へ引き渡されて六年目、戦後一一年目にはいっていた。病院で寝たまま三回の正月を迎えたが、久しぶりに起きて正月が迎えられるわけである。管理所の厚意と生活部の努力で、敗戦以来珍しく豪勢な正月だった。

正月が過ぎると、学習委員会は新しい討論テーマを投げかけた。それは、三輪君が全員の前で自己の罪行を暴露し、それにちなんで「罪を自覚した戦犯は、当然みずから裁判処刑を要求すべきである」という主張であった。そして彼は、「鬼には金棒がふさわしく戦犯には裁判がふさわしい」とつけ加えた。この頃はもう五所、六所の取り調べもすんで裁判を待つ体勢になっていた。そこで裁判を待つ、という消極的な態度から積極的に裁判を要求する態度を呼びかけたのである。認罪学習の過程で「どのような刑を受けてもそれは当然のことである」という認識は、皆一様に持っていたが、その認識が思想、感情になっているかどうかは疑問で、「裁判」と聞くと、誰もがどきりとするのである。そのような状況を克服するために、学習委員会はこの問題を提起したのであろう。

このような時期に、日本の訪中議員団が管理所を訪れた。あらかじめ連絡は受けていたが、一行は午前の学習の時間に宮崎君の案内で廊下に現われた。「○○県の○○君はいないか」、「私は○○県の○○である、君らの帰国については中国側と折衝するから心配するな……」というような激励とも自己宣伝ともとれる言葉を残して通りすぎた。中には、鉄格子ごしに二言、三言話しかける人もあったが、私たちの気持ちとはひどくずれた感じだった。台風一過して再び学習に入り、国会議員の言動そのものが討論の材料となった。政治家が私たちのことについて関心を持ち、戦犯処理の問題について努力してくれることはありがたいことである。しかし、中国人民の主権の下に管制中の戦犯をどう処理するかは中国人民の権限に属することであり、有力議員の個人的な力でどうなることではない。それよりも、国民を代表する政治家として、中国を犯した戦争に対する深い反省の上に国交の正常化をはかることが先決ではないのか。国交のない国に戦犯としてとらわれている者を、いわゆる政治的手腕によって取り返すことは、武力を背景とする恫喝がきけばいざ知らず、平和外交を国是とする戦後の日本においては、道理にもとづく外交手段によるほか道はないはずである。

裁判要求の学習が一段落したところで、部屋の編成替えがおこなわれ、三、四所が一緒になり、私はある部屋の学習組長（室長）に任命された。私はめんくらった。これはおそらく宮崎、三輪君あたりの工作だろうと思った。新しく編成された部屋は、四所の方で、旧四所の若い人たちが多かった。一般室の雰囲気にやっと慣れた段階で、病み上がりの私に学習組長の責任は荷が重すぎた。理論と実践の統一、と言っても実践が優位する現在である。理論なき実践は、盲目的で舵のない船のようだ、と言っても、認罪精神という舵さえしっかり握っておれば、間違いないのである。いくらうまくしゃべっても体が動かなければ駄目である。幸い生活組長（副室長）になったのが四所出身の矢崎君（五九師団の伍長）で、シベリア以来のアクティヴ。将官グループの認罪学習の援助に派遣され、それがすんで帰ってきたところで、所内のことは隅から隅まで知っており、部屋の人たちについてもほとんど掌握していた。おかげで私は学習討論の司会をするだけで、その他のことはすべて矢崎君が処理してくれたので大変助かった。

参観学習——はじめて中国人民の怒りにふれる

東北にもようやく春が訪れ、畑の残雪もまばらになった頃、参観学習の計画が発表された。三〇〇名くらいを単位に三つの組が作られ、一組ずつ三回に分けて実施される。私の部屋は第三組に編入された。第一組の参観が終わって大体の様子がわかってきた。第一日目は瀋陽市内の工場、第二日目は瀋陽郊外の合作社、第三日は撫順の炭坑という具合である。その話によると外の世界の変化は目を見張るばかりだという。瀋陽の機械工場を見学した感想の中で、昔は工作機械とモーターはベルトで連結されていたが、ベルトなどどこにも見当たらず、モーターは工作機械の中に組みこまれていて、どこにあるか姿が見えないという。もっと驚いたことは、電球といえば丸いものと思っていたが、工場や事務所で見かける電球は長細い形をしている、と言うのである。電球の球は地球の球と同じく丸い形を意味する。それが長細い形をしているというのだから電球とは言えないはずではないか。現場を見ないで話だけ聞いていると、何のことかわからないのである。

やっと私たちの順番がまわって来て、瀋陽の第二機械工場を見学したら、なるほどモーターと機械を結ぶベルトは見当たらない。昔、天井からぶら下がったベルトで雑然とした工場風景は影をひそめて、工場内は整然としており、話をしても聞えないような騒音はどこにもないのである。モーターはどこで動いているのだろう。電球は実物を見て、なるほどと思った。ほんとうに長細くて一メートルくらいもあり、それがずらりと並んでいて、とても明るいのである。これは「螢光灯」というものだそうである。今まで指導員がよく「君たちもずいぶん変わったが、外の世界の変化発展にくらべると遅々たるものだ」と言うのを、そのままは信用する気にならなかったが、さすがにこの現実を見せつけられると、驚かざるを得なかった。私たちの頭の片隅には日露戦争以来、日本の満州経営の遺産は、戦後中国の経済発展に相当寄与しているはずだ、という考えがあった。それは否定できないが、第二機械工場の片隅においてある戦前からのベルト付工作機械が、歴史的遺物として博物館の陳列品的役割しかしていないのを見せつけられると、考えざるを得ないのである。説明者の話でも「ずーっと使用していません」ということだった。たしかに私たちは遅れていた。戦争がすんで一一年、ラーゲリから監獄の生活が続いているうちに、すでに原爆も古くさくなり、水爆の時代、宇宙飛行の時代になっていたのである。

その次に公私合営の工場を一つ見学した。革命前の中小企業主が、自分の工場を一定の期間内に国家に買い取ってもらう、その間、国家から原材料の配給を受け、一定の監督を受けるが、企業主の地位と収入は保証されるようになっている。いわば、資本主義から社会主義への過渡的経営形態である。国営の工場に比べると、設備も劣り従業員の給料も安いそうだが、従業員の話では、よい状態に安住するより、悪い状態をだんだんよくして行くところに働きがいがある、ということだった。事実、年々設備も給料もよくなっているということだった。

第二日目は、瀋陽郊外の大青村合作社だった。ここの劉村長は、旧満州時代は父親が地主に借金があったので、八歳の頃から地主の家で豚追いをしていたそうである。もちろん無学文盲だったが、解放後の識字運動で新聞も読めるようになり、原稿なしで、一時間以上も過去の状態から現在を経て将来への展望を筋道立てて話した。解放前は食うや食わずの状態が続き、毎年餓死する者が出た。戦争が始まると、強制労働で引っぱり出され、遠い北の山の中で陣地構築をやらされ、ひどい食事と激しい労働で倒れる者が相つぎ、戦争がすんで村に帰ったのは半数足らずだった。ところが現在は腹一杯飯を食べ、解放前は貧農は一生食べられなかった米の飯も週三回食べ、能力があり、希望さえすれば、かつては地主の息子しか行けなかった瀋陽の中学へ誰でも合作社の費用で行ける。現在、生産はすべて共同でやり、大きな養豚場があり、養鶏場には、千羽近くの白色レグホンが毎日数百個の卵を産んでいる。病気になれば無料で診察を受け、治療してもらい、入院もできる……。

それから設備の見学に移ったが、すべて質素ではあるが清潔であり、管理が行き届いていて気持ちがよい。農機具も決して最新のものではなく、鎌や鍬の柄には長年使った手の痕がへこんで残っているほどだが、さびのあとはどこにもない。修理用の鍛冶場も木工場もちゃんとある。技術的に幼稚としか言えないが、この合作社の人たちにとって、過去の植民地支配、地主支配という二重の桎梏《しっこく》のもとに食うや食わずの生活を続けた時代と比べたら、今の生活は天国の生活とも考えられるだろう。それに将来への夢と希望——怠けないで働きさえすれば必ず実現できる、という解放後の体験がそれを裏づけるのである。歴史的には世界で最も古い国の一つであり、古代から現在まで生き続けた民族としては稀有の存在でありながら、民族の創生期に見られるような溌溂とした生気が感じられるのである。

管理所に帰ったときちょうど第二組が撫順炭坑の参観から帰るのと一緒になった。彼らはくちぐちに方素栄さんの話をしていた。方素栄さんは、平頂山虐殺事件の現場で生き残った、ただ一人の人である。

平頂山事件は、満州事変の初期（一九三二年、夏）、関東軍の不法なやり方に徹底抗戦に立ち上がらなかった張学良の態度に憤激した愛国者たちが、いたるところで武器をとり、抗日義勇軍を編成し、総反攻に立ち上がり、その一部が撫順炭坑と警備隊を襲撃した。そしてこの襲撃部隊と平頂山部落が連絡をとっていたという嫌疑で、警備隊、憲兵隊、警察が手を組んで翌日、部落民を広場に駆り集め、二千余名を機関銃でなぎ倒した。この事件については、私たちも前から聞いてはいたが、生き残った人がいるとは知らなかった。しかも、その人が撫順炭坑で女性の党員活動家として働いているということは、私たちにとっては大きなショックだった。第一組は、そんなことを知らないで参観におもむき、最後に大広間に集まったところへ方素栄さんが現われ、当の被害者から事件の真相が暴露されたのである。第一組の人たちは、予期しない強烈な衝撃になすすべを知らなかった。第一組の責任者・国友君は、その状況を学習委員長の宮崎君に報告し、「なぜ方素栄さんの足下に身を投げ出して、この私を八ツ裂きにしてください、と言ってあやまらなかったのか!!」と、強く批判された。

そして最後に、私たち第三組の番となった。私はこの撫順炭坑の参観は、どうにも気が重くてならなかった。そのせいでどこをどう見学したかも覚えていない。そのまま、とうとう最後の大広間に来てしまった。しばらくして、方素栄さんが壇上に現われた。みんな期せずしてうつむいてしまった。方素栄さんは、こみ上げてくる怒りを必死に押さえながら、あるときはかん高い声で叱りつけるように、あるときは涙声で訴えるように、とつとつと話を続け、通訳する人の言葉も沈痛をきわめた。話のあらましは、次のようなものだった。

その日、方素栄さんの家では夕食をすませ一休みしているところだった。そこへ突然、武装した憲兵が現われ、「全員広場へ集まれ!」と命令した。お父さんは危険を感じて窓から飛び出したが、外で待ちかまえていた憲兵にすぐ射殺された。おじいさんは孫の身が危いと感じ、三歳の弟を右手に抱きかかえ、七歳だった方素栄さんの手を左手にひいて外へ出た。お母さんは倒れたお父さんの体に取りすがって泣いていたが、おじいさんにたしなめられ、生まれたばかりの赤ちゃんを抱いて後に従った。広場へ通ずる道路は、老若男女で一杯だった。広場の一角に縄が張ってあって、その中に入れられ、まわりは銃剣を構えた日本兵が取り巻いていた。やがて、部落の騒ぎもおさまり、全員が広場に集まった。突如、隊長の合図、まわりの兵隊がさっと両側へ身を引くと同時に、机の上の黒い覆いが取り除かれた。不気味な機関銃が二丁姿を現わし、いっせいに火を吹き出した。あたりは阿鼻《あび》叫喚《きょうかん》の巷と化した。お母さんは赤ちゃんを胸に抱きしめ、後ろ向きになったとたん、赤ちゃんもろとも胸を撃ち抜かれて即死。おじいさんは二人の孫を抱いて横を向くなりウーンとうなって孫を放り出し、うつ伏した。気丈なおじいさんは、歯をくいしばって起き上がり、方素栄さんの肩をつかみ、腹の下へ押しこむとそのまま動かなくなった。おじいさんの生温い血が、方素栄さんの着物を通して肌に染みてきた。方素栄さんも数カ所に弾を受けたが、幸いかすり傷だった。そして、おじいさんの腹の下で死んだふりをしていた。二千余名の人びとは皆倒れ、あたりに夕やみが迫った頃、隊長は息のある者はことごとく刺殺するよう命じた。あちこちで「ウワーッ」という悲鳴が起きた。それまでおじいさんの足にしがみついていた弟が、血のしたたる銃剣を構えて近づく日本兵の姿をみて「ワーッ」と泣き出した。すかさず、日本兵は弟の頭を銃剣で突き刺し、方素栄さんの目の前へ放り出した。弟の頭からは、どす黒い血と一緒に豆腐のような白いものがはみ出していた……。

ようやく日本兵の靴音も聞こえなくなり、物音一つしない夜がやってきた。方素栄さんは、一晩中まんじりともせず、やっと夜明けになっておじいさんの腹の下からはい出して山の裏側へ下り、人の通らぬ小道に出たが、歩いているうちにだんだん悲しくなり、傷も痛んでとうとう泣き出してしまった。どれくらい歩いたか、日も高くなった頃、むこうから馬車を走らせてくる小父さんに出会った。血だらけになっている方素栄さんを見て、小父さんはすぐ、平頂山から逃げてきた娘だと知り、馬車に積んだ乾草の中に隠して家につれて帰った。小父さんは、方素栄さんからおじいさんの名前を聞いて「そうか、それなら叔父さんが近くに住んでいる」と教えてくれた。その夜、方素栄さんは叔父さんの家へ引き取られた。しかし、叔父さんは貧乏な小作人で、家にはまだ子どもがいなかった。そこへ急に女の子が住むようになると、地主に疑われ、報告されるおそれがある。そこで方素栄さんは、昼間は高粱《こうりゃん》畑に隠れ、夜になってから家に帰ることになった。家にいるときに人が来ると、納屋に隠れて声一つ立てることができなかった。こんな生活が三年続いた。

「私がなんの悪いことをしたと言うんですか？　私のおじいさんもお母さんも心のやさしい人でした。お父さんは毎日この炭坑に来て働いていました。ただそれだけです」

方素栄さんの言葉はとぎれがちだった。

「私の弟と生まれたばかりの赤ちゃんが、どんな悪いことをしたと言うのですか？　どうして、あんなむごたらしい殺し方をしなければならないのですか？………」

「叔父さんに赤ちゃんができたとき、私は初めて、子守りを雇ったという名目で人前に出ることが許されました。私は、それから日本人を見るたびに、跳びかかってかみ殺してやりたい衝動にかられました。日本帝国主義が壊滅したあの時、私のお母さんやおじいさんがやられたのと同じように皆殺しにしてやる、と泣き叫び、まわりの人びとを手こずらせました……」

「しかし、そんなとき共産党員が現われ、私を指導してくれました。侵略戦争をひき起こしたのは一部の軍国主義者で、日本の人民は侵略しない。われわれはその日本人民と団結し、再び戦争が起きないよう力を合わせて戦わねばならない。そのためにも、もう侵略されないだけの強い中国を作らなければならないのだ、と教えてくれました……」

「私はもうこれ以上言うことができません。ただ一つはっきり言っておきたいことは、皆さんはもう他国を侵略するようなことは絶対しないでください、ということです」

方素栄さんの話は、私たちの胸をしめつけ、いても立ってもいられない気持ちにさせた。話が終わると前の席にいる人たちは、いっせいに方素栄さんの足下へかけ寄ろうとした。指導員はそれを制して「意見のある人は手を上げ、指名されたらその席で発言しなさい」と指示した。するとわれさきにと手を上げて発言を求め、言葉にならない言葉で「申し訳ない」という気持ちを表わした。

帰りのバスの中は沈痛な雰囲気に満たされ、誰も口がきけなかった。私たちは、中国へ来て初めて、中国人民の「なまの怒り」に接したのである。私たちの撫順到着時、私たちが接した厳重な警戒が、実はわれわれに向けてのものでなく、怒れる中国人民の、われわれに対する危害防止のためだった、とあとで聞き、そのときは不審に思ったが、その真意が今わかった思いであった。

ちなみに、本多勝一氏の『中国の旅』によると、中国側の調査で、この事件の責任者は、警備隊長・川上大尉、憲兵分隊長・小川准尉、警察署長・前田警視、炭坑次長・久保孚の四名だということである。上記三名を除く、久保炭坑次長以下七名が、一九四七（昭和二二）年一月、国民政府の軍事法廷で死刑の判決を受け、一九四八（昭和二三）年四月に刑を執行された。また、在奉天（瀋陽）戦犯の世話を最後まで（一九五四年）していた牧師の平野一城氏によると、一九三二（昭和七）年九月一六日午前一時頃、大刀会系の千余名によって、楊柏堡採炭部事務所、捲上職員住宅が襲われ、渡辺所長以下六名が死亡、負傷二〇余名、他に東部採炭部、老虎台採炭部、万達屋採炭部が焼却された。その夜、川上大尉（中隊長、兵力二〇〇名）は、主力を率いて他地区の警備におもむき、留守の間に襲われたのだという。川上大尉は、のちに中佐となり戦死したが、出征のとき妻が、「後顧の憂を絶つ」ため自殺する、という「軍国美談」を持つ人だった。なお、死刑となった七名のうち、約半数は炭坑関係者、他はこの事件に関係のない、他地区の警察官だったという。刑の執行された四八（昭和二三）年春の頃は、瀋陽はすでに人民解放軍の包囲下にあり、刑の執行後、すぐ国民政府関係者は引き揚げた。

中国の寛大政策と私たち

参観学習の討論も一段落し、四月にはいって間もない頃、午後の運動を終え、部屋に帰り一休みしているところに、「これから重大発表がある、全員筆記具を用意して待機するように」と放送が流れた。一瞬、みんな緊張した表情で、筆記具を用意して待ちかまえた。全所がしーんと静まり返って、物音一つしない。やがて、金科長の声が流れてきた。

「これから皆の身分について中華人民共和国人民代表大会常務委員会の決定を発表する。よく聞いて、この決定を学習しなさい」と前置きした上で、ゆっくり、一語一語をはっきりと、そして一句切りごとに二度くり返しながら読みはじめた。

「目下、わが国に勾留中の日本戦争犯罪者は、日本帝国主義のわが国に対する侵略戦争中に、国際法の準則と人道の原則を公然と踏みにじり、わが国の人民に対して各種の犯罪行為をおこない、わが国の人民にきわめて重大な損害をこうむらせた。彼らのおこなった犯罪行為からすれば、もともと厳罰に処して然るべきところであるが、しかし、日本の降服後一〇年来の情勢の変化と、現在おかれている状態を考慮し、ここ数年来の中日両国人民の友好関係の発展を考慮し、また、これら戦争犯罪者の大多数が勾留期間中に程度の差こそあれ、改悛の情を示している事実を考慮し、これら戦争犯罪者に対して、それぞれ寛大政策にもとづいて処理することを決定する。ここに、目下勾留中の戦争犯罪者に対する処理の原則と、これに関する事項を次の通り定める」

金科長は、ここで一息ついて間をおいた。処理の原則がどう示されるか、私たちは気が気でなかった。みんなこわばった表情で次の言葉を待っていた。再び金科長の声が流れはじめた。

「一、主要でない日本戦争犯罪者、あるいは改悛の情がわりに著しい日本戦争犯罪者に対しては、寛大に処理し、起訴を免除することができる。罪状の重い日本戦争犯罪者に対しては、各自の犯罪行為と勾留期間中の態度に応じてそれぞれ寛大な刑を科する」

これに続いて裁判の手続きがあり、最後に

「六、刑を科せられた犯罪者が受刑期間中の態度良好の場合は、刑期満了前にこれを釈放することができる」で終わった。

みんなの関心は、第一項の、「起訴を免除される者と起訴される者」のどちらに自分が該当するか、ということに集中した。学習組長はすぐこの討論を組織しなければならない。それには一つの原案がなければならぬ。私は自分の考えをまとめるために若干の時間が必要だったので、一〇分後に討論にはいることにし、それまでにそれぞれの考えを整理しておくよう伝えた。

常務委員会の決定には大きく分けて二つの問題が含まれている。一つは、起訴を免除される者と、起訴されて刑を受ける者の問題、もう一つは、寛大政策とは何かということである。私たちはこれまで六年がかりで認罪学習を深めてきた。その結果、自分の犯した罪行に対しては、みずから責任をとるべきであり、それに対してどのような刑を受けようともそれは当然である、という認識をもっていた。問題はその認識の程度に差がある、ということだった。頭で、理屈ではわかっていても、本当にその気持ちになり切っているかどうかは、疑問である。これが、「程度の差こそあれ、改悛の情を示している」ということに該当するのであろう。そこで私は、認罪を徹底する観点からすれば、「主要であるかないか」の判断は中国人民の権限であり、私たちの主観的判断であれこれ憶測すべきものではない、要は、「改悛の情」＝認罪に徹することであると考えた。しかし、それに続いて「寛大政策にもとづいて処理する」という決定が気になるのである。とうとう時間が来て、討論の開始を宣言しなければならなくなった。

私は、まず右に述べた二つの問題を提起し、この常務委員会の決定をどのような態度で受け取るべきか、この部屋の中からも起訴を免除される人と起訴される人が出るだろうが……と問題を投げかけた。するといっせいに手が上がって、一人ずつ指名すると、みな「起訴されるのが当然」、「どのような刑も当然」という意見である。そこで「違った意見の人は？」と求めても、誰も手を上げない。誰も発言しないので、私の方から「処理の原則」の中に、明らかに「主要でない戦犯」と「罪状の重い戦犯」と区別してあり、事実、私たちの中には、多くの殺人罪を犯した人もあり、一人も殺してない人もあり、長く中国の戦場にいて罪を犯した人もあれば、来たばかりの人もある。それでもどのような刑も当然ということは納得できるだろうか、と問題を出してみた。すると若い人の中から、「加害者である私たちが、たいしたことではない、と思っていることが被害者にとっては決してそうではない、という実例を認罪学習で聞いた」と発言があり、その例が紹介された。ある「討伐」で機関銃隊の兵士が、一農家から麦一斗ばかりを馬糧として徴発した。「これだけはかんべんしてください」と取りすがる主人を蹴飛ばして持ち去ったが、実はこの麦は、占領下の県政府へ現物税として納めるため手をつけないで取っておいたものだったのである。ところがそれが納められなくなったので、県警に拉致され監獄に入れられてしまった。妻は県政府へ釈放方を嘆願したが、係の役人はこれこれの金を持ってきたら帰してやると言う。もとより金を貸してくれる者は誰もなく、結局、取っておきの畑を売ってやっと金を作り、ようやく釈放してもらった。主人は監獄でひどい取り扱いを受けたのがもとで、家に帰って間もなく亡くなった。こうして働き手と畑を失った一家は、離散の憂き目にあった……。

こういう例を紹介した上で、その人は、「このように『自分ではたいしたことではない』と考えていることが、決してそうではないと私は思う」と結んだ。「同感！」という声がいっせいに起きた。私もあらためて自分自身を反省させられた。主観的には、たかが麦一斗の略奪であるが、それが一家族を不幸のどん底におとしいれるという結果を生んだのである。では「この決定に対しては『どのような刑を受けてもそれが当然』という態度で臨む」ということが結論となり、意見がまとまった。

次に寛大政策の討論に移ると、「……それぞれ寛大な刑を科する」ということは、「極刑―死刑」はない、ということなのだろうか？　という意見が出てきた。実際、戦争中でも八路軍の捕虜になって殺された者はない。反戦運動に参加する意志のある者は、延安に送られ、特別の教育を受けたが、原隊に帰りたいと希望する者は、適当な時期に帰してくれた。もっとも原隊に帰ったあとで、すでに「戦死」で処理されていて自殺を強要された者もある、という話が出てくる。『持久戦論』にも、たしかに「戦争の目的は敵を絶滅することである。しかし、絶滅とは敵の抵抗力を奪うことであり、敵の肉体を絶滅することではない」とある。自分の罪行を見つめて行くと、これでは殺されても仕方がない、死刑が当然だ、という気持ちになるが、常時そのような気持ちでいるわけではないのである。あるいは助かるかも知れない、いや助かりたい、という気持ちが絶えず頭をもたげてくる。ついさっき「どのような刑を受けてもそれが当然」と覚悟を決めた直後に、それを否定するような言葉が飛び出してくるのである。すると、「そんな考え方は間違っている」と反論が出る。では寛大政策とは何か、と反問するとわからない。とうとう夕食の時間が来て今日中に結論を出す問題でもないので、「明日はもう一歩深く討論できるよう考えておいてください」と宿題にし、この日の討論を打ち切った。

夕食の準備は活発で、何か気分も明るい。心の底にはやはり不起訴への期待があるのであろう。「主要でない日本戦争犯罪者」に自分が該当するのではないか、裏から言えば、「主要な戦犯」とは大物たちで六所の将官（勅任官）組と五所の佐官（高等官）組の一部で、われわれ三、四所組は主要でない戦犯、しかし、将校、その中でも大隊長、中隊長は危ない、どちらにしても判任官、下士官、兵はまず大丈夫だろう、という勝手な判断があるのである。そういう考え方は、認罪精神とは真向から対立するのではなかろうか。

夕食後、私は明日の討論に備えて一人で考えにふけった。もともと認罪の立場からすれば、戦犯が勝手に自分の処遇を考えることはおかしなことで、もちろん考えることは自由であるが、起訴か不起訴か、死刑か無期か、それを決定するのはあきらかに中国人民の権限に属する。寛大政策は与えられてそこにあるのではなく、みずから苦しみ抜いて、たたかい取るべきものではないのか。認罪を深める努力、その努力に応じて、その結果として、寛大政策は発動されるものであろう。だから、当面の目標として、寛大政策、寛大処理を得るためには認罪を深める努力以外にない。同時に、国際情勢の変化、とくに日中両国人民の友好の発展ということを忘れてはならない。日中友好関係の発展という国際的目的のために、中国人民は個人的な恨み、怒りを押さえて私たちの過去に対する反省、人間としての自覚に期待しているのである。六年という年月は、私たち自身の変化、国際状勢の変化と、私たちの被害者である中国人民に、寛大処理を納得してもらうために必要な時間でもあった。

第二日目の討論にはいるに当たり、昨日のような堂々めぐりをしないで討論を一歩深める意味で、私は一つの提案をおこなった。「ここに発表された寛大政策の背景には、日中両国民の友好関係の発展のために、被害者である中国人民が、あえて個人的な感情を押さえる、という自己犠牲を払っている事実を忘れてはならない。加害者であり裁かれる立場にある私たちが、被害者のこの真情にこたえる道は、ただ認罪を深める実践以外にはない。今日の討論はあくまで認罪の精神に沿って進めたい」というものである。すると、すぐ「同感！」という声がいっせいに返ってきた。間髪を入れず、「主要か主要でないか、起訴か不起訴か」を決定するのは中国人民がすることであり、われわれ戦犯が勝手に考えることは間違いだ、という意見が出てくる。

そこへ学習委員の中崎君が現われ、しばらく討論状況を聞いていたが、一つのアドバイスをおこなった。

「昨日各部屋をまわって感じたことは、寛大政策と認罪がかみ合っていないということだった。そこで一つの譬え話をしてみたい」と、次のような話をした。「……認罪精神というエレベーターに乗って奈落の底へ下る。それは『死刑は当然だ』という認識を徹底して行く過程を意味する。真暗な闇の中をぐんぐん下りて『もうすぐ奈落の底だ』というところで、急に怖くなってその直前に、横にある寛大政策のエレベーターに乗り移る。ほっとして胸がドキドキしている——これがわれわれの現状ではないだろうか」と言うのである。さすが学習委員ともなればうまいことを言うものだと感心した。彼は、私と同期の「幹候」で、第二機関銃の中隊長。同じ連隊で同じ道を歩いてきた。私の入院前にはたいして目立つ存在ではなかったが、退院して帰ってみると、彼はもう一歩も二歩も先を歩いていた。

彼の譬え話は、私たちの理解を深めてくれた。——心底から「死刑が当然である」という気持ちになり切ったとき、そして、そこに何らの疑いも生じない心境になったその状態に、寛大政策が対応するのではないか。要するに、認罪の徹底、即寛大政策ということである。こうして、やがて学習委員会も「認罪を徹底して寛大政策をかちとろう」というスローガンを掲げ、うわついた気持ちも次第に落ちついていった。

9　釈放、帰国！

起訴と不起訴のあいだ

いつか春も過ぎてまわりの山々や畑も緑一色となり、運動のあとは汗ばむような初夏となった。ある日、U君が指導員に呼ばれて荷物をまとめ出て行った。何事だろう？　起訴されるのではないか、次々に呼び出しがあるのではないか、という思惑もあったが、さきの認罪と寛大政策の学習で認識を深めていたので、大きな動揺は起きなかった。そして、間もなく第二回目の参観学習計画が発表され、第一回参観学習当時の編成にもとづいて、第一組が北京、天津から武漢方面へ、続いて第二組は同じく北京、天津から上海、杭州方面へ出発した。第一組が帰ってきて長江大橋を渡ったこと、武漢地区重工業のすさまじい発展ぶりを報告する。戦前ヨーロッパの技術は、黄河には三八〇〇メートルの鉄橋を架けたが、揚子江には橋は架けられないという定説を作った。中国人民はその定説を破って不可能を可能とした。ソ連の技術援助もさることながら、新中国の意気込みのほどがうかがえるのである。

この報告がすんだ六月末、第一組は、撫順《ぶじゅん》市内にあった元日本人女学校の講堂で「……起訴を免じただちに釈放する」という宣告を受け、戦犯管理所から中国紅十字会の手に引き渡され、まるで鳥の飛び立つようにあわただしく帰国の途についた。第二組は、七月末参観を終えて帰り、第一組と同じように「不起訴即日釈放」の宣告を受けた。

そのころには起訴された武部元満州国総務長官以下四五名（うち太原《たいげん》組九名）の裁判が終わり、判決が下されていた。最高禁固二〇年から一二年まで、撫順組（ソ連から引き渡された者）の方は戦後ソ連での抑留五年、中国での勾留六年計一一年が刑期に算入され、二〇年の人は判決の日から九年、一二年の人はあと一年ということであった。

太原組は、敗戦後、山西に残留、閻錫山軍に協力して解放軍と戦ったため、侵略の罪と反革命の二重の罪に問われ、刑も重く、刑期に算入される勾留日数が五年少なかった。（実際はソ連組と同様に取り扱われた。）


一五年の刑を受け、六〇（昭和三五）年に帰国した島村三郎氏（元満州国警務総局特務処調査兼中央保安局第二課長）は、『中国から帰った戦犯』（日中出版）の中で、裁判の状況を次のように述べている……。

「とうとう裁かれる日がやって来た。私はただ一人先日通った道を被告席まで歩かなければならなかった。（一週間前に全員がここに集められ起訴状を読み上げられた。）私が法廷に姿を現わすと傍聴席の何千という眼がいっせいに私に集中した。（全国の代表が選ばれて傍聴に来ていた。）私はとても目を合わす勇気がなかった。その怒り、恨みの視線の矢が、うつむいて歩く私の頬にヒリヒリと突き刺さってくるのである。自分の身内の者を含む千二百万の同胞を殺害された恨み、長年にわたって占領され、侮辱され、迫害され続けた『民族の怒り』の視線である。被告席に唯一人ぽつんと座っていても、この視線は私の背中を射続けた。この視線の中で、私はしごく自然に、『そうだ！　ほんとうに私は生きる資格のない人間なんだ』、『すべてをこの恐れおののく人間らしい感情から出発しよう。それでよいのだ……』私はこんなふうに思いながら、膝の上にきちんと揃えた十本の指を見た。もう恥ずかしいという妄念も消し飛んでいた。やがて私は被告席に立たされ、裁判官から型通りの訊問を受けた。私は不思議に落ちついていた。『起訴の事実に相違ないか？』『相違ありません、』『起訴の事実について何か意見はないか？』『ありません。ただここに起訴されている事実は、私が十一年間に犯した罪の、ほんの一部にすぎません』、『自分が犯した罪行について、今どのように思っているか』私は生唾をぐっと呑みこんでから、通訳が困らないようにとゆっくり、ゆっくりと話しはじめた。

『一九三九（昭和一四）年、私は三江省依蘭県の共産党を弾圧しました。私はその時、自ら現地に行き弾圧を指揮しました。私が現地に着いたとき、依蘭警察署の薄暗い留置場は、無実の罪に問われた平和な人々で一杯になっていました。私はその中に、肩で風を切ってはいって行きました。そして、もっときつく拷問しろ！　どんな方法でもよい、徹底的にしぼり上げて泥を吐かせろ、と命じました。たちまちいきり立った警察官の怒号、容赦なく打ちおろす鞭の音、苦しみもだえる被害者のうめきと絶叫が、門前を通る通行人にも聞える程でした。この声は、必ず心配の余りひそかに様子を見にきておられた家族の方々にも聞こえたに違いありません。夫の悲鳴、父の絶叫を聞いた家族の方々の心情は、まさに断腸の思いであったに違いありません。しかし、私はこの絶叫を平然として聞いていました。いや、むしろ小気味よいとさえ思って聞いておりました。私は、この事件の拷問だけでも四人の方々の尊い命を奪っております。しかし、私は豚か犬が死んだくらいにしか思っておりませんでした……。私は、昨年長男の死を知りました。妻からの手紙を手にした日には、運動場の片隅に行って人知れず泣いた私でありました……』ここまで言ったとき急に声がつまり、涙が頬を伝って流れはじめた。『いけない』と思ったがどうすることもできない。『いいんだ、これが私の実力なんだ』と思いなおした。

『私は鬼でありました。自分の子供の死には涙を流して悲しむのに、他人の子供の死には涙一滴流さない鬼でありました。殺害した人々には必ず両親があり、最愛の妻があり、かわいい子供さんがいるということは、明々白々のことなのに、こんな簡単な真理にも気がつかなかった鬼でありました……。私は今やっと、中国人民の長年にわたる温かい、そして辛抱強いご指導によりまして、自分自身の本質を知ることができました。私は今、心の底から私の十一年間にわたって犯した数々の侵略の罪を悔悟しております。そしてどうか、と言いかけて二、三歩後退し、絨毯の上に両手をついた。

『裁判長さん！　どうか、この私を厳罰に処して下さい』と言って深々と頭を下げた。そして急いで後ろの傍聴席の方に向きなおり『中国人民の皆さん！」と叫んだ。自ら厳罰を要求しようと思ったのである。ばたばたと近くにいた衛士が走り寄って私の発言を制した。私が再び被告台に立ったとき、裁判長が『意見はすべて本官に申し述べなさい』と命じた。これが私の精一杯だった。何の悔いも残らなかった……」

島村さんは、五所の佐官組（高等官）の中で、最後まで認罪拒否の態度をとり続けたいわゆる「反動」の中心的人物だった。取り調べは、早い人は二、三カ月ですんだが、島村さんは二年がかりだった。中国側は、なるべくみずから進んで坦白《タンバイ》することを期待したが、犯罪者の心理として、当りさわりのないことはすらすらしゃべるが、「これは言えない」という罪行はひたすら隠し、何とか避けて通ろうとする。島村さんにはそのような罪行が多すぎた。どうしても言えない罪行については、調査官は「もっともまずい方法だが」と前おきして、彼自身が上司へ提出した報告書や、彼の「功績調査書」の該当箇所をちらりと見せる。このような書類は敗戦時焼いたはずだったが、焼け残ったもの、焼ききれなかったものがあったのである。

こうして、一城また一城と抜かれて、最後にこれだけはどうしても言えない、と固く守った浜江省肇州県副県長時代の、農民七名の斬首事件――うち二名は島村さん自身の手で斬った――もついに守り切れず、すべての自供を終えた。もう死刑確定と自分で決め、刑死するより自殺を、と自殺の準備を整えているところを察知されて失敗、その直後、調査官に呼ばれ、彼に対する部厚い告訴状を示され、「間違いなければサインするように」と言われた。それを読むのに数日かかったが、それは、かつての部下――中国人の部下ですでに漢奸（売国奴）として処刑され、あるいは受刑中の者と被害者からのもので、彼のすべての罪行が網羅され、彼への恨み、憎しみが綴られていた。その中に、肇州県文化村（農民七名の斬首）の楊氏という身寄りのない老婆から、たどたどしい文章で「たった一人の息子を捕えられ、斬り殺されたと聞き、三日三晩何も食わずに泣き明かした。どうかあの副県長の鬼奴を死刑にして息子のカタキを取ってくだされ、これが年とって外へも出られぬ婆の一つのお願いだ」と訴えられていた。

これまで気にもかけていなかった自分の行動が、このような悲劇を数多く生み出していることに、今さらのように愕然とした。その後、ほどなくして、中国に移されて初めて妻からの手紙を受け取った。その中に娘のことはくわしく書いてあるのに、長男のことが書いてないので、あるいはと思い、問い返したところ、交通事故で亡くなったことを知らされた。彼は家族と別れてから一番気にしていた長男の死を知って、子を奪われた親の悲しみを痛切に実感した。彼は初めて被害者の心情を推しはかることができた……。

こうして、彼は裁判を迎えた。裁判に先立ち彼は担当の弁護士に呼ばれた。弁護士は、「私は中国人民から君の弁護をするよう命令を受けております。君の犯罪については一応書類で知ってはいますが、書類だけでは真相がつかめないものです。遠慮は少しもいりません。私に話しておいたら有利だと思うことを、何でもいいから素直に話してください」と言った。彼は躊躇することなく「申し上げることは何もありません。先生の御親切は痛いほどよくわかりますが、私の犯した罪は死刑に値するものでありまして、私を有利にするような材料は一つもありません」と答えて頭を下げた。弁護士は、「私は中国の法律で認められた弁護士です。君と話したことなんか絶対に他言しません。安心して話しなさい。どんな小さいことでもいいんです。およそ犯罪というものに弁護の余地のないものはありません。それは、君が一番よく知っていることです。それを心おきなく話してごらんなさい」と続けた。しかし彼は頑固に固辞して裁判に臨んだ。起訴状には彼が自殺まで決意し、頑強に自供を拒んだ肇州県の斬首事件はのっていなかった。犯罪期間一一年のうち、わずか一年三カ月の三江省特高科長時代の犯罪だけが起訴されていた。裁判最後の日、彼の弁護士は、「本来特高科長は警務庁長の補佐役で、責任はむしろ庁長にある。その点十分斟酌《しんしゃく》してほしい」と弁護してくれた。

私たちの尉官組からは、U中尉一人だけが起訴された。彼は、私と同じ連隊で、一期若い幹候、中国語が地についていて、連隊の協力部隊（捕虜で作った部隊で作戦時には弾薬、食糧、患者の運搬、警備中は雑役に使った）の責任者で、のち第二大隊の情報係をやっていた。三九師団関係では、師団長と彼の二人が起訴されたが、師団長は別としても、なぜ彼だけが起訴されたか知る由もない。しかし、師団で残った二十余名の将校は、その罪状からすれば、その全員が該当者だった。

U中尉は禁錮一三年の判決を受けた。彼は、調査の過程で坦白した斬殺者数が一名多すぎると指摘され、どうしてもわからなかったと言う。いよいよ裁判に臨み、被告席に立ったとき、彼の罪行を告発した一人の証人が現われた。その証人は彼をにらみつけ、上半身裸体となり、右首すじから背中にかけて無惨に斬り裂かれた黒々とした傷跡を示しながら、「これが、きさまが俺を斬ったときの傷跡だ！」と叫んで一歩つめ寄った。「きさまが俺を斬って穴に埋め立ち去ったあと、村の仲間が急いで掘りかえし、穴から引き出して傷の手当をして、危うく一命をとりとめた……。今、きさまの面を見ていると、俺の憎しみはきさまを八ツ裂きにしてもまだ足りない思いだ」と叫んで絶句した。極度の怒りで言葉にならなかったのである。U中尉は中国語がよくわかるので膝がガクガクして今にも倒れそうになった。「斬殺者の数が一名多すぎる」と言われたことが、今わかったのである。必死に激情とたたかっていた証人は再び口を切った。「しかし、聞くところによると本人も過去のあやまちを卒直に認め、真人間になる努力を続けているそうである。私個人としては許しがたいが、中日両国人民の友好の発展のため、どうか裁判官は本人を寛大に処理されるようお願いする」と言って証人席へ帰った……。U中尉は堪え切れず、崩れるようにその場に手をついた。警備の兵士が出て来て両側から彼を支えてくれ、第一回の公判を終えた……。

第二組の帰国を迎えに来た興安丸には、起訴された人たちの家族が乗船していた。中国当局が特別に面会の便宜を与えたからである。それで、第二組の帰国大会——第三組による歓送会には、この家族の人たちも加わって大変にぎやかなものとなった。歓送会のあと、起訴された人たちが家族と一緒に歩きながら、または日陰に腰をおろして話し合っている姿は、監獄にはめずらしいなごやかな風景であった。家族の人たちは二、三日管理所内で過ごし、中国各地の参観に出かけた。

三分の二の仲間が帰国したあとの管理所は、ガランとした感じだったが、淋しいとか暗いとかいう感じはなく、むしろ活気にあふれていた。それは「次はおれたちの番だ」という期待があったからである。

　夏も真盛りの八月、私たち第三組も参観学習に出発した。日程の関係で、見学地域は北京と天津に限られた。北京では有名な天安門前の広場、紫金城（清朝の宮廷跡）、頤和園《いわ》（西太后が北洋艦隊の建設費をこの庭園作りに使った）に浮かぶ大理石の船などを見学し、天津の郊外では、労働者の住宅の中にまではいって、調度品など見せてもらった。部屋は広くはないし、ぜいたくなものはないが、清潔そのもので、若い夫婦を中心とした家族の生活ぶりは幸せそのもの、といった感じであった。天津の中心街の飯店《ファンテン》で昼食をしたが、以前は、夏のあいだ飲食店の中は、蝿がブンブン飛びまわって眼も開けられないほどだったが、その蝿がほとんどいなかった。蝿の絶滅運動は管理所でもおこなったが、ここまで徹底するとはさすがである。

　天津の最後の日、私たちはもう一つの見学組と一緒になった。それが太原組だった。太原組は敗戦後のいわゆる「山西事件」*に巻きこまれ、敗戦後山西省で閻錫山の指揮下に入り、人民解放軍と戦い、一九四九（昭和二四）年春、太原の陥落により捕虜となった人びとである。

　天津で合流した太原組（その主力は第一、第二組と一緒に帰国していた）の人たちは、参観終了後私たちと一緒に撫順にやって来た。八月末、私たち第三組も、第一、第二組と同じように、バスで撫順市内にある旧日本女学校の講堂へ向かった。劇場のような形をした広い講堂の二階は、全国から集まった人民代表の人たちで埋まっていた。この人びとは、裁判の始めから終わりまで立ち合い、その状況を持ち帰り、日本戦争犯罪者の処理について報告する責任を帯びていた。

　全員が席に着いて場内が静かになった頃、「一同起立！」の号令がかかり、軍服をつけた検察官をはじめ、関係者が壇上に現われ、場内は厳粛な雰囲気に包まれた。私は、中央からやや後方の席にいたが、検察官の厳しい顔と、紅十字会代表のやわらかい表情が対称的だった。おもむろに立ち上がった最高人民検察員張鼎承代理・王子平検察官は、中央の演壇の前に進み、幅の広い宣告書をひろげて「全国人民代表大会総務委員会の決定にもとづき、以下の者の起訴を免じ、ただちに釈放することを宣告する」と一気に読み下し、三百余名の名前を読み上げた。呼ばれた者は「ハイッ」と答えて元気に起立していったが、それにつれて、あちこちからむせび泣く声が場内を埋めていった。

六年間の学習を通じて、はじめは「殺すなら殺せ！」と捨鉢《すてばち》な反抗的態度をとり続けていたのに、中国人民を代表して私たちの管理指導に当たった人たちは、自分自身が被害者または身内の者や友人に必ず被害者を持つ身でありながら、個人としては我慢できない感情を押さえて「罪を憎んで人を憎まず」という高い人道主義の精神にもとづく国の方針に従い、辛抱強く、暖かく接してくれた。その態度、その心によって、北極の氷の海が陽春の太陽の熱で徐々に溶けるように、私たちのかたくなな心は開き、人間本来の心がよみがえった。人間として許されない罪を犯してしまった以上、どのような刑罰を受けようともそれは当然のことである、という認罪の心が芽生えはじめたところに、不起訴、釈放という寛大な処理が発表されたのである。すでに第一、第二組がそのような処理を受けて帰国した後ではあるが、自分が現実にそのような場面に直面すると、その感懐もまたひとしおである。自分の犯した過去の過ちに対する慙愧《ざんき》と、寛大な処理を受け被害者の方々に相すまない気持ちが一緒になって、これまでに経験したことのない気持ちを味わった。

氏名の発表が終わって着席し、司会者から、感想発表の希望者は手を上げなさいと言われると、全員が手を上げ、指されると次々にたどたどしい言葉で慙愧、感謝、帰国後の決意などを述べ、中には立ったまま嗚咽の声だけで言葉にならない人もあった。

私たちの身柄は、その場で戦犯管理所の手から中国紅十字会の手に移された。しかし、私たちが不起訴最後の組であり、後片づけやその他の準備もあり、いったん管理所へ帰った。管理所ではすぐ帰国準備委員会を作り、三輪君が委員長に推され、私も委員の一員に加えられた。

私には、帰国大会での中国人民に対する感謝文の作成という仕事が割り当てられた。シベリアでのスターリンへの感謝決議文は形式的な感じが強かったが、ここでは、各人各様の体験を通じて、実感としての感謝の気持ちを持っていた。私は自分の体験、とくに三年間の入院生活の中で受けた手厚い治療、看護、取り扱いを中心に、他の人びとの具体的な例を取り入れて、一度踏みはずした人間の道へ立ち帰るまでの過程と、今後どう生くべきかを述べ、中国人民への慙愧と感謝の言葉で結んだ。これを委員会の討議にかけ、若干の補充訂正の上、三輪君が読むことになった。帰国大会も最後ということで、これまでにない盛り上がりを見せた。出発を前にして、六年前に管理所に来て間もなく預けた私物の品々が、そのままの姿で返された。一つの紛失物もなかった。戦地で受け取り、最後まで持っていた家族の写真、妻に抱かれた二、三歳ごろの娘と妻の母が、その横に立っている写真が出てきて、この娘ももう高校生ではなかろうかと感慨ひとしおであった。続いて、新しい身のまわりの品が配給された。中国の人たちがみな着ている工人服、工人帽、ぶ厚い革のバンドと革靴、それから純毛の大型毛布――これは元「満蒙毛織」の工場で作られたものだという。次々に手渡して行く班長《パンジャン》の顔もニコニコしていた。そして、最後に各人二〇元ずつの小遣いが渡された。乗船前、天津で土産品を買って帰るようにという心づかいだった。当時中国では、労働者の平均収入が月四〇元だったから、半月分の収入に当たるわけである。

八月末日、ついに出発の日が来た。六年前、ソ連から中国へ引き渡され、この鉄の門をはいった時のことを思って、感無量だった。しかし、なお四五名の起訴された人たちを残して帰ることは、相すまない気持ちだった。武部長官は、早くから血圧で倒れ、寝たままで裁判を受けたが、容態が悪くなる状態だったので、二〇年の刑を受けていたが、私たちと一緒に帰国することになった。そして帰国後二年目に亡くなった。

天津では、出港まで二、三日余裕があったので、一日目は郊外にある花岡烈士の碑に花輪を捧げた。花岡烈士とは、敗戦直前、一九四五(昭和二〇)年六月、秋田県花岡鉱山で起きた花岡事件(中国から強制連行された人びとが、あまりの酷使と虐待にたえかねて惹き起こした蜂起を、現地の警察、消防団、在郷軍人等によって惨酷に鎮圧された)の犠牲となった人びとである。戦争中花岡には、三次にわたって九八六名の中国人が強制連行され、敗戦で解放されるまで四一八名の死亡者を出した。

強制連行に先立つ「労工狩り」の実情は、私たちの中国帰還者連絡会が出した『三光』の中に、また最近出版された『証言記録三光作戦』(森山康平、新人物往来社)の中に、菊池義邦君の証言として出ているが、「うさぎ狩り」と称して夜明けに村を包囲し、農民を狩り集め、華北労工協会に引き渡し、ここから日本土木統制組合へ送られた。それは一九四二（昭和一七）年、東条内閣が、日本の労働力補給の手段として「華人労務者内地移入に関する件」として決定した「国策」に従って実行されたものである。この規定の中には「契約」は二年、二年後に一時帰国させる、賃金支払、送金を保証する等の条項があるが、実際は、ただ働きの酷使→致死、という冷酷無惨なやり方だった。

花岡におけるその実行者こそ、今を時めく鹿島建設である。強制連行者を使用した土建業者が作っていた日本建設工業会が、敗戦後まずおこなったことの一つに、「中国人を使用したことに対する国家補償の要求」というのがある。これは中国人を使用したことによって生じた損害の補償、ということである。「タダ働きのボロもうけ」をしておきながら、その上に損害補償とは何という厚顔無恥な要求だろう。政府は一九四五年一二月三〇日の閣議で、「終戦後の損害に対する補償」として鹿島建設に対し、中国人連行一八八八名（花岡以外を含む）分として三四六万一五四五円、「終戦前の損害補償」として五八万三四七一円、合計四〇四万五〇一六円を支払った。鹿島建設はこの金を、かろうじて生き残った連行者の送還費と、不払賃金の一部支払いにあてた。これは鹿島建設だけの問題ではない。

一方、第一線で「労工狩り」に従事した五九師団では、師団長以下四百余名が、戦犯として長期勾留を受け、一九五六（昭和三一）年以降、逐次釈放され帰国したが、一般引揚者としての取り扱い以外、何の補償も受けられなかった。一体政府は誰のためにあるか、と問われても仕方あるまい。

なお花岡事件の関係者は、一九四八（昭和二三）年三月、横浜にあった米第八軍の軍事法廷で裁判を受け、鹿島組花岡出張所長に終身刑、被連行者からもっとも憎まれていた三人の現場監督に死刑、大館署長と巡査部長に重労働二〇年の判決があったが、刑は執行されず、一九五五年頃全員仮出所、市役所や県の外郭団体に就職し、悠々暮らしていたという。（『ドキュメント日本人⑧』学芸書林）

二日目は市内に外出して土産品を買った。日本から面会に来た家族たちの話で、日本では純綿がなかなか手に入らないということがわかり、敷布やタオルを買い、タバコを規定一杯買いこんだが、まだ使い残りがあった。夜になって、天津まで送ってきた呉指導員から委員は招待を受け、飯店で夕食をご馳走になった。六年間の想い出話に花が咲き、最後に「君たちの帰国後の生活は、決して楽ではないと思うが、どんなことがあっても、再び銃をかついで中国にやってくるようなことはしないでほしい。君たちの健康を祈る」という別れの言葉がいつまでも耳に残った。

＊山西事件

敗戦後、山西省に駐留していた北支方面軍隷下の第一軍（澄田中将）が、山西の主といわれた第九戦区司令・閻錫山（えんしゃくざん）の要請で、日本軍と山西在住の民間人（その代表が満州某重大事件の中心人物・河本大作氏）から成る特務団一万五千名を、第一軍作戦命令によって編成。その後、総軍の宮崎参謀が、何応欽総司令の命令書を持って太原におもむき、軍の処置を非難。特務団の解散、帰国輸送再開を要請し、閻錫山もしぶしぶ承知したが、実行が不徹底で、残った特務団は一九四六～四九年にかけ、中国の国内戦で閻錫山軍の中核となり、人民解放軍と戦い、四〇〇余名の戦死者、七〇〇余名の捕虜（これが太原組となる）を出した事件である。

特務団の編成に当たっては、「自願による現地除隊者」を原則としたが、末端部隊では所要人員を残すため、命令または半強制的に残すということがあり、問題となった。

太原組の人たちは、帰国後、議会にこの問題を提起したが、澄田中将の証言で、「自願で残った」ということになり、恩給その他で不利な取り扱いを受けている。（『偕行』七五年九月号「山西独立戦記」、城野宏）。なお、澄田中将は四一年から四四年にかけ、私たちの三九師団長であった。

一六年ぶりの帰国

塘沽の岸壁に繋留されていた興安丸は、図体は大きいが、塗装のペンキははげ落ち、船腹にはいたるところ赤サビが吹き出していて、いかにもわびしい敗戦国の姿を象徴しているようであった。

九月はじめ、私たちは船に乗りこんだ。船は、まだおとろえをみせない夏の午後の強い光を浴びながら、静かに岸壁を離れた。撫順で六年間、さんざん手をやかせ、お世話になった指導員と班長さんたちが、埠頭で手を振って送ってくれた。

思えば一九四一（昭和一六）年の八月、軍装に身を固めて揚子江をのぼり、南京に侵略の第一歩を印してから一六年になる。かつての「颯爽《さっそう》たる」青年士官も、はや四三歳。病み衰えた体に中国の工人服をまとい、デッキにたたずんで戦争の空しさに思いをはせていた。戦勝にわき立っていた日本は、敗戦国となり、再建へのいばらの道を歩み、かつての征服者は、戦犯となった。戦火の中に言いつくせぬ苦しみに堪え抜いた中国人民は、ついに勝利者として、押しも押されもせぬ世界の大国を創り出し、新しい建設に空前の意欲を燃やしている。支配者はいつまでも支配者ではなく、被支配者はいつまでも被支配者ではない。

中国の陸地が見えなくなる頃、日も暮れかけてきた。割り当てられた八畳ばかりの船室の畳は、垢で茶褐色を帯び、あちこちに破れが目立つ。戦前、興安丸は大連航路（門司―大連）の花形として脚光を浴びたが、今は尾羽打ち枯らし、復員船として幾十万の復員者を運び続けた疲れが目立っていた。夕暮れの甲板に出て涼をとっていると、薄暗い海の上に延々と尾を引く船の波跡が、私の歩いて来た過去へ続いているように思える。たしかにこの航跡は、私たちが中国に残した醜い足跡につながっているのである――。潮風にいつか暑さを忘れて、船室に戻ると、みんなおだやかな顔をして寝ていた。私もその仲間入りをした。

翌日は、一日中朝鮮半島の西海岸を南下して、済州島あたりで日が暮れた。玄海灘にはいって船が揺れ出し、一六年前、すし詰めの軍用船でここでシケに遭い、荒れ狂う玄海灘をヘドの吐き通しで通過、揚子江河口にはいるのに三日もかかり、へとへとになったことを思い起こす。今度は揺れもそれほどではなく、いつの間にか寝込んでしまった。

三日目、目が覚めると、日本海の真只中である。どんより曇った空の彼方に、ぼんやり陸地が見える。山陰の山々であろうか。これが一六年ぶりに見る祖国日本の姿である。シベリア以来、帰国ということは一日も頭を離れなかったが、それを待つことあまりにも長すぎたせいか、激しい感激が湧いてこないのである。かえって、帰国後の生活――就職のこと、妻や子どもとうまくやっていけるかといったことばかり気になるのである。昼過ぎに陸地が近くなり、森が見え、家が見え、行き交う漁船の上から手を振っているのが見えてきた。やがて、船は静かな旧舞鶴軍港の湾内にはいり、岸壁に近づくと、エンジンの音が止まった。

予定の順序に従って船を降りる。陸の方には出迎えの家族が一杯つめかけていた。私は、中ごろから降りた。船から陸地までのあいだ、桟橋というにはお粗末な、水の上に板を渡したようなところを通って陸地に上った。まさしく上陸第一歩である。出迎えの人垣を分けるようにして歩く。後ろから押されるので立ち止まって話をするわけにはいかない。大声で息子の名を呼ぶ父親、いきなり抱きついて泣き出す母親もあった。何メートルか歩いたところで、ひょっこり妻の顔に出会った。

「ただいま」と言って笑いかけると、相手は「お帰りなさい」と笑顔で迎え、後ろに立っている自分より背の高い見知らぬ娘を「これが由美です」と紹介した。一七年ぶりの面会である。別れるときはまだ若かった妻の顔にも、長年の苦労の跡が色濃くしのばれた。戦地に発つときにやっと物につかまって立ち上がるくらいだった娘が、もう高校一年生だという。「いよお！」と言って肩を軽くたたいたが、いよいよ表情を固くしてニコリともしない。後ろから押されて通り過ぎると、二人の兄が「よく帰った」と言って笑いかけた。やっと人垣を抜けて広場を通り、宿舎に入り、簡単な打ち合せをすませると、面会時間になった。

家族には家族用の宿舎が割り当てられており、前夜は大広間でゴロ寝したそうである。積もりに積もった話は、何から話してよいやら戸惑うばかり。とりあえず留守家族の状況を聞くと、一同元気だが、妻の次兄が一九四六（昭和二一）年夏、台風あとの国府津海岸で、波にのまれて行方不明のままだという。泳ぎは達者な方で溺れるような人ではなかったのに――。同じ頃、妻も私の郷里（熊本）に疎開中、緑川と小川の合流点近くで泳いでいて、渦巻きに足をとられ、危ないところを助けられたという。妻も泳ぎはうまい方だった。妻の実家、水城家では、岳父の「美保関事件」をはじめ水難の相があるのだろうか。

ついでに記しておくと、美保関事件というのは、一九二二（大正一一）年はじめに締結されたワシントン海軍軍縮条約の延長上に起きた事件である。この条約で日本は、対英、米主力艦の比率を五・五・三に制限され、その戦力差を水雷戦隊（巡洋艦、駆逐艦を主とする）による敵主力艦への肉迫魚雷攻撃で埋めようという、いわゆる「肉を切らせて骨を切る」捨て身の戦法を強化。訓練に制限はなかろうという東郷元師の指示に従って、月月火水木金金、土曜も日曜もない訓練が続けられた。このような訓練の集大成として一九二七（昭和二）年八月、島根県美保関沖で海軍大演習がおこなわれたのであるが、そのときの連合艦隊司会長官・加藤寛治大将は、ワシントン条約の全権の一人であった。演習は「実戦的」というより「実戦」そのものとして計画され、加藤大将は、「軍艦の二杯や三杯沈めてもかまわん」と言っていたという。八月二五日夜、暗夜無灯火、水雷戦隊の主軸をなす巡洋艦神通が、全速力で仮想敵戦艦群（陸奥、長門等）に肉迫中、これまた全速力で前方を通過しようとした友軍の駆逐艦「蕨」に衝突。「蕨」は一瞬のうちに沈没。続いて後続の巡洋艦「那珂」と駆逐艦「葦」が衝突。「葦」の前半が海没。「蕨」艦長・五十嵐少佐以下一一九名が行方不明となった。演習は直ちに中止され、生存者の収容の後、艦隊は、この舞鶴軍港に引き上げた。

神通艦長・水城大佐は、多くの将兵を死亡させ、貴重な軍艦を沈めた責任を痛感して、ひたすら自宅で謹慎を続け、軍法会議判決の前日、大正天皇の喪明けの日（一二月二六日）自宅で自決。死をもってその責任をとった。水城大佐の高度の責任感は、海軍士官の鑑として、その後江田島の海軍兵学校で精神訓話の資料となったものである。

さて、家族とは一時間ばかり話をしていたが、一九四七（昭和二二）年以来働いている妻が、焼け残った着物を売り、また借金をして建てた小さな二間の家が東京にあるというので、ひとまずそこに落ちつき、あとで郷里の熊本へ挨拶に行くことにした。そして、家族は先に帰ってもらうことにした。時間に余裕ができたので、中国で使い残した金を銀行の出張所で両替し、理髪店へ出かけた。ところが、ここで初めて戦後日本の金の値打ちを知らされることになった。貨幣単位が円であり、一円で買えるものは、なんとマッチ一個だったのである。

そのうちに復員の手続きを終え、国から支給品の配給があるというので、指定の場所へ行くと、初年兵の入隊時に支給する服装一式、入隊当時とは比べものにならない質の悪い軍服、肌着、上靴（兵隊靴）、スフ綿混紡の粗悪な軍隊毛布一枚、それと当座の費用として一万円。これがすべてだった。これは一般の引揚者に対する取り扱いと同じである。厚生省では、私たち戦犯第三組を第一五次引揚者と呼んでいた。

これが、日本の政策と天皇につながる上官の命令に従い、最も忠実に国の政策を実行した結果、戦犯となり、戦後一一年間も抑留・勾留を受け、やっと帰国した者に対する処遇であろうか。中国では自国に対する戦犯を釈放するに当たって、わざわざ純毛のぶ厚い大型毛布、一般勤労者用の工人服と革靴を贈ってくれたのに、私たちの「祖国」は、スフ綿混紡のお粗末な毛布、今どき誰も使用しない兵隊服と兵隊靴。敗戦直後の混乱期ならいざ知らず、戦後一一年、世の中も一応落ちつきを取りもどした時期に、こんな服装で社会に出ろ、と言うのであろうか。

あまりにも情のない仕打ちに腹を立てた私たちは、集会を開き、その対策を検討した。日本そのものが敗戦の痛手から立ち直っていないから、という意見もあったが、それならそれなりに、もう少し人間味のある取り扱い方が欲しい、物価高の現在一万円ではどうにもならないから、もう一万円出してもらおうではないか、ということになった。三輪君ら代表が援後局舞鶴出張所の所長へ交渉に行ったが、所長は、規定にない金は出せない、と突っぱねてきた。所長の返答は、会場にもたらされたが、みんなの怒りが爆発し、家族もこれに同調。この要求が通らぬかぎり、明朝出発予定の列車には乗車しない、と決議した。この決議をもって、代表は再び交渉に出かけた。所長は、「乗車拒否」と聞いて驚き、「そんな無茶なことを言わないで、どうかあの列車に乗って帰ってください」と懇願してきた。復員列車をカラで返しては、所長の面目丸つぶれ、というわけであろう。所長は、仕方なく東京の本省と長距離電話で交渉を始めた。長いやりとりの上、「ともかくもう一万円出すから予定の時間に乗車してもらいたい」と言う。しかし、代表は「いつ渡すかの期限を明示しないかぎり承認できない」とがんばった。所長は、再び本省と電話連絡を始めたが、本省は検討するのに手間どり、夜もずい分遅くなって、やっと「九月中」という回答を得た。所長はほっとした気持ちで「これでよいでしょう」と言ったが、それでも代表は「口約束だけでは信用できないから期限を明記した証文が欲しい」とねばった。所長は、この上こんな証文を書かされては、所長としての立場がなくなると考えたのであろう。「それだけはかんべんしてもらいたい」と懇願した。「それなら乗車しない」の奥の手である。所長はとうとう証文を書いて、代表に渡した。たぶん、佐官級の復員軍人の一人と思われる頑丈な体格の所長だったが、一晩でげっそりやせた感じだった。しかし、考えてみると、このような出先の責任者をいじめるのは本筋ではなく、もっと大もとの責任を追及すべきだったのであり、所長には大変気の毒なことをしたと思う。

私たちは翌朝、整然と列を組んで駅に向かい、各県ごとにまとまって乗車した。復員列車は予定の時刻に発車、京都で西と東に別れ、それぞれ郷里へ向かった。追加手当の一万円は、九月末に一組、二組を含めた全員が受け取った。

10 帰国後の生活

中国帰還者連絡会

舞鶴で解散するとき、一組、二組がやったように、これまで十数年間運命をともにした仲間、とくに「中国戦犯」として六年間の認罪学習の後、中国人民の寛大政策によって釈放され、生きて帰ることのできた者が、今後も互いに助け合い励まし合って行くために、取りあえず「中国戦犯帰還者連絡会」という仮称の組織に結集しようと申し合わせた。団長の三輪君（山口県）は、私たちの帰国についてお骨折りいただいた、関係各方面へ御礼の挨拶もあり、東京まで同行することになった。復員者は各都道府県ごとにまとまり、県庁所在地の駅で下車し、一、二組では代表が駅頭で帰国の挨拶をしたという。そこで、東京では誰がやるかが問題となり、順序からいえば田村（現在金井）君がやるべきだったが、肝心の本人が「私は山梨県へ帰るのだから東京代表にはなれない。富永さん、あんたにお願いします」と言って逃げてしまった。実際は、彼の婚約者は東京で十数年待ちわびており、彼も当然、東京で降りるし、勤めも都内の役所であって、都内に住みつくことになっていたが、彼の「弁舌と外交手腕」に負けて、とうとう私が引き受ける羽目におちいったのである。

駅頭でどんな挨拶をしたらよいか、皆目見当がつかず、夜もろくろく眠れなかった。静岡付近ですっかり夜が明け、久しぶりに富士山の姿に接した。裸の富士のせいか、崇高な面かげもなく、ここにも敗戦の痛手を見せつけられる思いがした。沼津の千本松原には、昔の思い出が残っていた。我入道《がにゅうどう》の海岸に高校の寮があって、正月や三月の休みに、人の来ない時期を見はからって訪れては広い寮を独り占めにし、管理人のおじいさんと近くの小川に上ってくるハゼを釣り、これをさいて骨をとり、テンプラにして一緒に酒をのんだ。おじいさんは、老人には珍しく眼の鋭い人だと思っていたが、若い頃、自由民権運動の壮士として沼津界隈で鳴らし、追い迫る警官をまるで大根でも切るように水門に斬り捨て、長い刑務所暮らしをした経歴をもっている人だそうである。寮の前の松原には、二抱えもある松の大木が何本もあって、その間から見える純白の富士の姿は、心のひきしまる崇高さがあった。春さき一雨降ると、松原のあちこちに松露が可愛い顔を出し、これを浮かした吸いものがまた、かくべつおいしかった。寮を根拠地にしてあちこち歩きまわり、帰りには、三島から十国峠に出て、人影一つない峠の草原に仰向けになると、澄み透った空の奥まで心が吸いこまれ、知らぬ間に眠ってしまう。陽の傾く頃、芦の湖へ下り、誰も通らぬ石ころの箱根旧街道で昔をしのびながら湯本へ出る。あのおじいさんも、とうの昔亡くなったことだろう――。

いつの間にか列車は横浜を過ぎて、あっという間に品川駅のホームに滑りこんだ。いよいよ私の出番である。ホームには、出迎えの家族が一杯詰めかけており、胸がどきどきした。軍隊で自分の指揮する部下に「精神訓話」した以外に、人前で話をした経験はなかった。コルセットと一緒に荷物を包んだ風呂敷包みを、横にいた石垣君に頼んでホームに出た。先に降りた仲間たちが、もう集まって私の立つ場所を作ってくれている。出迎えの人たちは、息子や夫が自分たちの方へは来ないで一カ所に集まってしまったので、拍子抜けしたようだった。私は度胸をきめて、みんなの前に立ち、まず「お出迎えありがとうございます」と口を切った。すると気持ちが落ちついて「私たちはシベリアから戦犯として中国へ送られ、戦後一一年抑留生活を続けてきましたが、今回中国当局の特別のはからいで帰国することができました。この間、私たちの帰国や留守家族のことについていろいろご心配いただきありがとうございました。私たちは国内のことはさっぱりわかりませんが、新しい日本の建設に一生懸命努力したいと思っておりますので、何卒よろしくお願い致します」という意味のことを一気にしゃべって頭を下げた。仲間たちが拍手してくれたことだけ覚えている。「では、これで解散します」と言って私のつとめは終わった。みんな家族のところへ飛んでいった。私も、いつの間にか家族と義兄の一家に取りまかれていた。とりあえず外へ出た。そしてハッと石垣君に頼んだ荷物のことを思い出した。あちこちさがしてやっと石垣君を見つけ、荷物のことを聞くと、「しまった!」と頭をかかえ、「すみません、車中に忘れました」と言う。自分のことで一杯、他人のことなど考えておれなかったのである。急いで改札にかけつけると、列車はもう出発したあとだった。朝日の記者だった義兄が、「東京放送に知人がいるから放送してもらおう」とすぐ手配してくれた。あの風呂敷の中には、中国で作ってもらった総革製のコルセット――あまり暑くて息苦しいのではずしていた――と天津で買った土産物、舞鶴で受け取った一万円がはいっている。自分で持って下車すればよかったのに、どうして人に頼んだのだろう。人前で挨拶するのに荷物があってはまずいと思ったのが間違いだった。

やっと落ちついたところへ待ちかまえていたように、杉並区役所の人がかけつけ、「車が用意してありますから乗ってください」と手を引っぱって歩き出した。そこへ、知り合いの橋本さんが現われ「近くに席を準備してあるからぜひ休んで行ってください」と言われる。橋本さんは、品川駅をのみこんだかたちの京浜デパートの重役だった。区役所の人がせき立てるので「せっかくですが」と断って、義兄と、ちょうど近くにいた宮崎君――彼は第二組を引卒して帰国したが、撫順《ぶじゅん》の代表であり、広島から迎えに出て来て東京まで同行した――に行ってもらうことにして、車に乗りこんだ。

妻と娘と甥（義兄の長男）が同席して車が走り出すと、中学生の甥が、とんきょうな声で「おじちゃんてえらいんだなー、あんなところで演説するんだもん、さすが由美ちゃんのお父さんだ」と感にたえた顔つきをして話し出したので、顔の赤くなる思いがした。すっかり様子の変わった街を通って和田堀のはずれにある義兄の屋敷の一隅に、妻が苦労して建てた小さい家に着いた。敗戦の年の五月二五日夜、最後の東京大空襲の際、何の間違いか、この街はずれの一帯に、おびただしい焼夷弾が落とされて、すっかり焼野原になったそうである。「ただいま！」と玄関をはいると、妻の母が「お帰りなさい」とにっこり笑って迎えてくれた。母の髪の毛が真白くなっているのを見てびっくりした。出征するときは黒々と艶のある豊かな髪であったが、一七年という時の流れがただごとでない、ということを痛烈に思い知らされた。二間の家の六畳の部屋に通されて座につき、あらためて「長いこと御心配をおかけしました」と深々と頭を下げる。「ずいぶんやせましたね！」と痛々しげに眺められる。「自分の家に帰ったのだから、ゆっくりお休みなさい」と言われて、やっとくつろいだ気持ちになった。

久しぶりに家庭のお茶を飲んでほんとに「うまい」と感じた。隣の離れに蚊帳が吊ってあるから、ひと風呂浴びてそこで一休みしたら……ということで、言われるままに汗を洗い落とし、蚊帳にはいって横になった。涼しい風が風鈴を鳴らして、白い麻の蚊帳のすそがゆらりと揺れる。ほんとに帰ったのかな、夢ではあるまい、と冗談に頬をつねってみると、やっぱり痛い。しかしこれからどうなるか、皆目見当がつかない。「貧しいけれど楽しいわが家」になるかどうか、自信がないのである。一七年も別居していると、妻とも気持ちの交流がうまく行かないし、娘もまったく他人行儀で、親しめない。それに健康も回復していないし、すぐ働きに出るわけにも行かない。考えれば考えるほど暗い気持ちになってしまう。

そこへ義兄が帰って来て「荷物のあるところがわかった」と知らせてくれた。ラジオ放送のあとすぐ、上野駅から小荷物係のところで保管してあると、新聞社に連絡があったそうである。明るいニュースがはいってやっと気の晴れる思いがした。荷物は明朝受け取りに行くことにして、二家族揃って夕食の卓につき、赤飯で帰国を祝ってもらった。話は次から次へと花が咲き、夜のふけるのも忘れた。

翌朝義兄と二人で上野駅に行き、列車に置き忘れた荷物を受け取った。荷物はもとのままで、もちろん一万円もその中にはいっていた。厚く礼を述べてそこを辞し、途中から義兄は新聞社へ向かったので、私は品川にあった中国帰還者連絡会の仮事務所を訪ねることにした。事務所は品川駅に近い引揚者宿泊所常盤寮の中にあった。そこでは寮の二部屋ばかりを使用して、まだ落ち着き先のきまらない仲間が一所にいた。第一組で帰った五十嵐君が事務を担当し、国友君が代表格だった。とりあえず、会員の住所録を作り、第三組の帰った現段階で、会報第一号を出す準備をしていた。私もこれを手伝うことにした。

会の対外活動の手始めとして、それぞれ三つの組の団長をつとめた国友、宮崎、三輪の三君を中心に代表団を作り、政府と各政党、日本赤十字社、日中友好協会、中国殉難者慰霊実行委員会等、帰国についてお世話になった関係各方面へ、お礼かたがた挨拶まわりをおこない、同時に、私たちの今後の生活について、住居、就職、恩給、太原組の身分問題等の解決に援助方を要請した。一方、私たちの仲間が郷里に落ち着いて仕事についてしまうとなかなか集まりにくくなるので、早いうちに集まれる者が集まって、国民の皆さんに帰国の挨拶かたがた私たちの中国での生活を知ってもらい、かつは、日中友好運動の一環として「帰国記念文化公演会」を開くことにした。

公演会は、地方からも七十余名が上京し、一〇月一三日、三団体（日赤、日中友好協会、中国殉難者慰霊実行委）の後援のもとに千代田公会堂で開催。一五〇〇名の観衆は、次々に展開される内容豊かな民族舞踊（日本、中国、ソ連）、民謡、寸劇等々に深い感銘を受けたようであり、中国での生活を理解してもらう上に大きく役立った。

また、事務所も新宿御苑の裏門に近い日中友好協会東京都連合会の事務所の一室を借り受け、ここに移って国友、五十嵐の両君に専従になってもらい、事務所らしい体裁を整えることができた。そして、撫順の創作学習で書いた原稿の中から数編を選び、光文社のカッパブックスで『三光』と題して出版。戦争の実体——侵略戦争の中でくり拡げられた戦争犯罪の実相を暴露し、大きな反響を得た。しかし、その後、右翼の圧力に出版社が屈し、絶版とした。のち、他の出版社が『侵略』と題を改めて、再出版した。

この年一〇月、鳩山首相が訪ソし、「日ソ国交回復に関する共同宣言」が発表されたが、その前後に、ソ連の国内法により戦犯として勾留されていた二千余名の人たちが、釈放され帰国してきた。中国とソ連の戦犯が、時期を同じくして帰国したというので、九月末、中央公論社が『戦犯から見た中国、ソ連』というテーマで大岡昇平氏司会のもとに座談会を開き、その記録は一一月号に掲載された。中帰連側からは臨時会長代理の有馬さん（少将）と事務局の五十嵐君、それに私の三名、ソ連帰国者から五名（うち三名は民間人）が出席した。

まず、戦犯の待遇について、ソ連では、裁判を受けて戦犯に指定されると、その途端に一般人から切り離され、囚人としての取り扱いを受ける。ソ連の囚人収容所に入れられて、他の囚人と一緒に重労働につかされた。ソ連での日本人戦犯は二五〇〇人と言われたが、一九五六年末の釈放まで労働にたえる体力を維持した人は二〇〇人ぐらいにすぎず、あとの人は、病人か半病人の状態だったという。それから、なぜ自分が戦犯になったかわからない人が多く、このうちの二人は、特務機関関係の人で、対ソ犯罪の事実があるようだが、民間人三人のうちのMさんは、敗戦時、樺太で中学を卒業したばかりの一七歳の少年だったが、同級の二四名が逮捕されてシベリア送り。もう一人のNさんは、元満州電電公社の社員で、中国の人びとに対しては有形無形の圧迫を与えていたという罪悪感があるが、対ソ犯罪の意識はまったくないと言う。そして、このような戦犯指定の背景として、「シベリア民主運動」をあげ、この運動の過程で「反動」として吊し上げられた人たちが、いつの間にか戦犯に仕立て上げられた。まったく対ソ犯罪に関係のない人まで戦犯にされてしまった、というのである。事実、当時はスターリンが健在で、ソルゼニーツィンのイワン・デニーソヴィッチのように、自分の知らぬ間に犯罪人に仕立てられていた、ということがいたるところであったようである。二、三人の証言があれば、まちがっていても犯罪が成立する、という状況のもとでは、そんなこともあっただろう。

これに対して中国での戦犯の取り扱いについては、有馬さんが友人で起訴された長嶋さん（少将、禁錮一六年）の例を上げて説明した。「彼は裁判を受け、われわれのところへ帰ってきた。それで別の扱いを受けるかと思ったらそうじゃない。運動もできるし、話をしても自由であった。裁判のことを聞いてもよいかというと、ちっとも差し支えないと言う。裁判の状況を聞くと、裁判では、起訴状も原文と訳文の二つが揃っており、それを見たところ、自分で考えても一番重い刑に処せられても仕方ない、と思っていたが、ある作戦のときのことが書いてない。というのは、裁判の結果をみると、少しでも証拠のあいまいなものはオミットされていた。だから証拠の確実なものについてだけは罪が問われ、裁判がおこなわれた。実に公明正大であることを痛感した、と言っていた」と話すと、ソ連戦犯の人たちは、「なんという違いだろう」と驚いていた。

ソ連戦犯の人たちは、一般に反ソ感が強く、元電電公社のNさんは、「中国から帰った人たちはみな中国を礼讃しているが、中国としてこれほど得なことはない。ソ連戦犯でソ連をほめる者は、こんど千人以上帰った中で、たった二七人、浅原一家だけですよ」と言う。浅原グループというのはシベリア民主運動の最高指導者の一人、浅原正基氏を中心とする戦犯グループのことである。浅原氏は一九四九（昭和二四）年に戦犯の指定を受け（ソ連逃亡兵収容所の衛兵についた）、彼らが、かつて「戦犯、極反動」と吊るし上げていた「戦犯将校ラーゲリ」に一緒に収容されることになった。そこで元日本軍将校たちから激しい報復を受け、浅原氏は腹部を刺されるという事件も起きた。しかし、浅原氏は、「民主主義」の旗を下ろさず、『ソ同盟共産党小史』の研究会を持ち続け、はじめ数名だったのが二七名になったという。この人たちがシベリア民主運動を最後まで続けたわけである。ソ連戦犯の中で、この二つのグループの間には抜きがたい不信感がある。

浅原グループの一員だったHさん（東京高師卒）は、「戦犯裁判の問題を私の立場から考えると、やはり原則的な立場から戦争犯罪というものを糾明していることに問題の本質があるのじゃないかと思うんです。なぜかというと、私もたかだか兵隊であった。しかし、ハルビン特務機関上等兵という特殊な任務を持っていた。私としては当時はわからなかったが、それは、いろんな罪禍を残した日本帝国主義、軍国主義を、多かれ少なかれ担い、かつその一翼に、直接、間接を問わず参加しておった、ということです。そのところを私は問われたのだと思う。もちろん、刑期の長短、将軍と私のような兵隊が同一の二五年の刑を受けたことには問題を感じます。しかし、天皇の命令でやったとか、上官の命令で自分の意思ではなかった、ということにかかわらず、私が実際に遂行した役割が、現実においてやっぱり痛烈に問われたのだと思うのです。私などが命令に従ってやったことが、どこかで人民弾圧の橋渡しをやったのではないかと考えると、ぐっと胸がつまるのです。今言うと簡単ですが、私も刑を受けたとき、非常に悩みました。しかし考えてみると、私の場合結論はそこしかない。私は、そこから今後の人生を出発させようと思っているんです」と述べた。

そこには私たちの考え方と相通ずるものがあると感じた。これに対して電電公社のNさんは、「Hさんの発言は、中国人民に対してならあてはまるかも知れないが、ソ連人民に対する犯罪行為と言えるかどうか。関東軍はソ連を侵略したわけでなく、ソ連に対してあやまる前に、民主運動の過程で仲間から必要以上にソ連戦犯を作り出したことに対してこそ、責任をとるべきではないか」と食いつき、他の人も同感だという。

シベリア民主運動が、捕虜収容所という特殊の環境の中で、ラーゲリ生活の民主化を目ざす反軍闘争として起こり、それが帰国や戦犯問題と結びつき、相互に癒しがたい傷痕を残したことは、まことに不幸な出来事であった。

年が改まると、中帰連は帰国一周年を記念して、第一回全国大会を開く準備にとりかかり、一九五七年九月二二日から二日間、下落合の山楽ホテル——ホテルとは名ばかりの——で七十余名の代表が参加して開催された。

私たちの会は、舞鶴で設立を申し合わせたときから、将来の平和で幸福な生活を築き上げるために協力しあい、同時に反戦平和、日中友好の活動を推し進めることを目指していた。何はともあれ、私たちの当面の関心は、生活の基盤を作ることに向けられていた。この一年来、住居、就職、援護等々、それぞれ国、地方自治体の行政機関、議会に働きかけて、法律、規則の範囲で得られるものは得たが、生活の安定ということから見れば、きわめて低い段階にとどまっていた。

出征前から内地の官庁、会社に就職していた者七十余名は、復職。農工商の自営業に復帰した者一六五名。それも、留守中に弟や妹婿が仕事を引き継ぎ、身を引かざるを得ない人が少なくなかった。職安の紹介で就職した者三百余名。帰国一年後に、まだ定職のない者が半数近くあり、私もその一人だった。いっそう深刻なのは、出征前（満州にいた人は入ソ前）に妻子のあった人で、帰ったら妻が再婚しており、妻や家族のしあわせのために自分から身を引いた人が、五〇名以上に達していたことである。幸い就職できても、条件の悪い人が多く、山口県のYさん（四二歳、旧制中卒）は、元満州国警察官（警部補相当）だったが、高齢で働けない父母を抱え、その上、父は中風、妻は妊娠中で、長女一五歳、帰国一カ月後職安の紹介で、化粧品のセールスマンとなったが、固定給三〇〇〇円、歩合三〇〇〇〜五〇〇〇円程度で、とてもやって行けず三カ月で辞め、知人の紹介で中小企業の臨時工となり、月収一万円、残業毎日二時間で二五〇〇円、家族手当、保険もなく、給料も遅れがち、一〇カ月になるが本雇になれず、給料も上がらない。その上、父母が間借りしていたのでそこに落ちついたため、引揚者の住宅にもありつけない——というような例が少なくなかった。

それで、このように困っている人たちのため相互援助の機関として、比較的余裕のある人から出資してもらい、それを基金として「中連互助会」を作り、低利で貸し出し、独立自営への手助けをするとともに、すでに仕事が軌道に乗っている人が仲間を雇い入れたり、あるいは他に紹介して就職の機会を作ることをはかり、かなりの成果を上げていった。このような過程で、仲間は頼りになるが、国や自治体はなかなか頼りになってくれない、という印象を強めた。

一方、反戦平和、日中友好の運動も、他の大衆団体と協力して進められ、独自の活動として、『三光』の出版が明らかにしたように、私たちの体験を通して侵略戦争の実体を、出版、放送等ジャーナリズムを通して発表し訴えることが、きわめて有力な反戦平和の運動であることに確信をもち、いっそう力を入れることにした。

大会がすむと、中国紅十字会・李徳全会長を迎える歓迎準備委員会の仕事にとりかかった。これは、一九五三（昭和二八）年に大谷瑩潤氏を委員長とする「中国人俘虜殉難者慰霊実行委員会」がつくられ、戦争中中国から強制連行された四万余名の人々のうち、全国一三五の事業所（鉱山、土木、造船、港湾等）で苛酷な労働を強いられ、悲惨な死に方をした六八三〇名の遺骨の収納が続けられ、ねんごろな慰霊をおこなって、五六年末までに七回にわたり、二七二四柱を中国へ送り届けていた。これに対して五六年一〇月、中国紅十字会の李徳全会長から大谷委員長に対して、「中国人殉難者の遺骨送還事業に参加された日本国民の皆さまに親しくお礼を申しのべるために代表団を日本へ派遣したい」旨の申し入れがあった。この申し入れを受けて、関係団体のあいだで準備を進めていたところ、政府もこの人道の使節をあたたかく迎えたい、という意向を示し、五七年末、代表団を迎えることになったのである。

代表団は、一二月六日の夜、羽田に着いた。李徳全会長には私たちの帰国についても大変お世話になっていたので、中帰連も進んで歓迎委員会に参加した。李徳全会長は、忙しいスケジュールをさいて、一二月二四日パレスホテルで約一時間、私たちとの面会の時間を作ってくれた。当日はウィークデーだったが、東京とその近県から百余名の会員が集まり、金井君（旧姓田村）の母堂が家族を代表して、中国での心あたたまる取り扱い、帰国に際しての援助などについて、心からのお礼を申し上げた。そして、会員の一人一人が会長と握手を交わして別れた。

困難な社会復帰――「ニコヨン」の体験

帰国当初、中帰連の仕事もさることながら、何よりも大切なことは、私自身の生活の問題であった。妻は外国銀行に勤めていたが、その収入だけでは親子三人暮らして行けず、妻の母が世話人になって作っていた頼母子講に、いつも世話になっていた。このままではどうにもならない。そこで、一応挨拶まわりもすんだところで、私は国立第一病院へ健康診断を受けに行った。舞鶴でもらった既往症（カリエス）の証明書と引揚者証明書があるので、診察は無料だった。レントゲン検査の結果、腰椎カリエスは治癒しているが、まだ警戒が必要で、一〇キロ以上の重いものは持たないように注意すれば、軽い事務労働なら差し支えないだろうということだった。妻や母は半年か一年ぐらい休養しなさい、と言ってくれるが、甘えてばかりはおられない。抑留中、留守家族に支払われていた月三千円の手当は、帰国後も三カ月継続されることになったが、これだけではどうにもならない。とにかく郷里の熊本にも挨拶に行かなければならないし――入隊のときも郷里の家から村の人たちに送られて出たし、舞鶴にも県の係の人が迎えにきていた――兄たちとも今後のことについて相談しようと、一〇月半ば熊本へ向かった。

急行「みずほ」は、復員列車と反対の方向へ走った。戦前、東京―熊本の間は何回となく往復したが、見るもの接するものすべて変わっていて、戦争を境にして日本そのものが異質なものになっているように感じられた。関門トンネルを抜けた列車は、いつの間にかボタ山の見える炭坑地帯を通って、炭塵で黒ずんだ直方《のおがた》の駅に停まった。九州本線はこんなところを通るはずはないが、と思って隣の人に聞いてみると、石炭産業が戦後経済復興の花形となり、博多まわりのほかに、飯塚経由の急行が走るようになったという。沿線のたんぼには、豊かに稔った稲が波打っていた。まるで稲穂の上にボタ山が浮いているようである。やがて旧来の本線に出て、昼すぎ熊本駅に着く。熊本までの間に聞いたことのない駅の名前がいくつかあった。

駅は村から三〇キロ近く離れているのに、兄姉や親戚の人たちが迎えにきていた。舞鶴で会った二人の兄のほかは、一七年ぶりの再会で、みな別人のように老けていた。それは私自身にも言えることだが……。

市内からバスで生家へ向かう。緑川の堤防に出ると、この付近は昔のままだった。途中、戦前は資産家として県下に名の知れた酒造家の建物を見たが、見る影もなくさびれ、逆に貧しかった農家の構えがよくなっていた。農地改革の成果だろうか。村の対岸、甲佐の町はずれで緑川を渡る。立派な鉄筋コンクリートの橋ができていてびっくりする。その昔、御船中学へ通学した頃は、渡し船だった。大水が出ると、公然と休めるのが楽しみだったが、今の高校生にはわかるまい。

一時間近くかかって村の入口に着き、バスを降りる。ここから家までの石ころ道は昔と変わっていなかった。両側の農家は立派になっているのに、わが家の入口まで来ると、門柱もなく、塀は傾き、見るかげもない。わが家もまた没落の系列のうちにある。近所の人も来ていた。一応の挨拶がすみ、仏壇に帰国の報告をして座敷に通される。私の席は、床の間を背にした最上段だった。この家に生まれて床を背にして座るのはこれが初めてである。

酒がまわり、戦中、戦前の想い出に話はつきない。村の人が次々に酒をすすめる。そこへ、私の生まれる前からこの家へ出入りしているSさんが、徳利を手にして前に座り、酒を注ぎながら、「正三さん、アータは遅かったばってん。もどって来てよかったばい。うちの貞雄はとうとう戻らんですたい!」と言ってコブシで目をこすった。貞雄君は、Sさんの長男だが、私に一週間遅れて生まれた同級生で、すでに戦死していた。母が産後寝ているあいだ、貞雄君のお袋さんが大きなお腹を抱えながら、私を膝の上であやしていたと聞いている。私は、なんとも返す言葉がなかった。

私の気持ちの中には、戦後一一年間抑留生活をしなければならなかったことについて、世間の同情を期待する甘えがあったのではないか。私は、この戦争で死んだ人たち、殺された何百万という人たちのことを忘れていた。死んだ人たちは永遠に帰ってこないのである……。

翌日、兄は「もうこれでよかろう」と言って、朽ちかけた竹竿の端にへばりついていた、すっかり色があせ、破れてしまった日の丸の切れっぱしを、井戸端に古い昔からあった柿の木から、竿ごと下ろし、また、玄関の入口に打ちつけてあった「出征軍人の家」と書いた、ほこりだらけの木の札を取りはずした。そして、兄弟揃って菩提寺に詣り、両親をはじめ先祖の墓に花を供え、線香を立てた。

そして、村の家々に挨拶まわりをすましたところで、小学校の一年から六年まで級長だった堅小《かたお》君が同級生に呼びかけ、私の歓迎会を、同じく同級生で魚屋をしている三浦君の家で催してくれた。三浦君はわざわざ不知火《しらぬい》海岸、松合の魚市場まで出かけて、イキのよい魚をたくさん仕入れてきてくれ、十数年間お目にかかったことのない、新鮮な刺身を山盛りにしてご馳走してくれた。小学校を卒業するときは、男子だけで五〇名近くいたが、半数近くに減っていた。そのほとんどが戦争で亡くなったのである。そんな意味で、私たち大正生まれの者は、今度の戦争の最大の犠牲者だったと言えるだろう。

村のつきあいのつとめを果たして、私は、かねて気になっていたカラカンダのスパスクで亡くなった松田君の遺族が、熊本市内に住んでいるはずだと思い、市役所に出かけて聞いてみた。そして老いた両親が、二人きりで親戚の離れ家に暮らしていることをたしかめ、市内地図を頼りに探し、やっと見つけることができた。閑静な屋敷の片隅のひっそりした離れ家だった。玄関に立つと、お母さんが出てこられ、来意を告げると、早速仏壇に案内してくださった。灯明をあげながら、「お友だちの富永さんがお見えになりましたよ」とまるで寝ている人を起こすように話しかけられる。仏壇には兄弟二人の写真が飾ってある。彼の弟はアッツ島救援で散華、二階級特進の海軍少佐であった。お父さんは戦前すでに退役した海軍大佐だったが、その日は留守だった。スパスクでの彼の臨終の状況を想い起こし、心から冥福を祈った。遺骨が届いているかをお聞きしたが、私の心配した通り届いていなかった。ナホトカでの乗船待ちのときの検査でだめだったのだろう。スパスクでの状況をこまごまとお話しした。お母さんは、終始下を向いたまま、両手を膝の上で堅く握りしめ、必死に我慢しておられるようだったが、涙を見せるようなことはなさらなかった。そして、「はるばるお訪ねいただいて光生《みつお》もさぞかし喜んでいることと思います……」とお礼を言われ、私は返す言葉もなく「どうかお達者で！」と言い残して別れた。頼りにしていた二人の息子を「国に捧げた」老夫婦の心中は、どんなものだろう。このような悲しみは、日本国中、いや世界の隅々に行きわたっており、あらためて戦争の悲劇を思い知らされた。

心にかかっていたことを一応果たして、一日、座敷の縁側で独り柱に背をもたせ、庭に目をやりながら、はるか彼方に過ぎ去ったこの家の昔のことを想い起こした。私が中学五年（昭和六・一九三一年）のとき、父は、行きづまった財政再建の目途が立たず親族会議を開き、後始末を四名の代表に委任し、上海の長兄（上海の水先案内をやっていた）のところへ引き取られた。あとには、もう半年も寝たきりの祖母（もともと頑健な体の持主だったが、姉が泊りがてらに訪ねてきたとき、二階から布団をかかえて下りようとして階段から足を踏みすべらし、コンクリートの土間に落ちたのが原因）と、その看病に来ていた、女学校を出たばかりの従姉（のち次兄と結婚）、家のまわりの菜園の手入れと家事を手伝うお手伝いさんの四人暮らし。生活費は、月々上海の兄から送られ、私は毎月の家計簿を作って報告していた。母は三年前に亡くなっていた。親戚の四名の人たちは、時々集まって、負債整理の相談をしていたが、「これだけの不動産があったんだから何とかなったんじゃないか」などと、父のやりくりのまずさが話題になっていた。夏の頃、四人が新聞紙の包みを開き、札束の山を眺めて、「これだけの金を借金の返済に当てるとは、もったいないかぎりだ」とつぶやいている声が、私の頭にまだ残っている。父は養子で、祖父から家督を引き継いで間もなく、父の義弟に当たる守山代議士が、ある事件に関して夫妻でアメリカへ亡命することになり、その費用の大部分を父が負担し、それが家産を傾ける原因となったと聞いていたが、母と兄の長い病院生活、七人の子どもの教育費（五人は熊本、長崎、二人は東京の学校）も相当の出費だったろうし、両親とも派手好みで、家計も大変だったに違いない。

たまたまこの年の九月、満鉄柳条溝の鉄橋爆破（今では関東軍が計画的にやったことがわかっている）で満州事変が勃発、戦線は拡大して長城線に迫り、明けて一九三二（昭和七）年一月、戦火は上海へ飛び、第一次「上海事変」となった。政府は、陸軍の三個師団、海軍は第三艦隊を派遣したが、民族意識に目覚めた中国人民を背景とする十九路軍の頑強な抵抗にあい、停戦までに三カ月かかった。ときあたかも天長節を迎え、上海新公園で閲兵式を挙行中の派遣軍の幹部は、閲兵台上に爆弾を投げつけられ、白川軍司令官は死亡、重光公使は片足を失い、野村司令長官は片目を、植田師団長は片肢を失った。

父はこの戦火の中で、持病の肝臓病で寝ていたが、避難民に混じって超満員の船に詰めこまれ、途中で動けなくなり、幸い京都の織物商の人がわざわざ付き添って、熊本の家まで送り届けてくれた。村の入口でバスを降りた父は、歩けないので、私が背負って家まで運んだ。ふとんの上に横たわって、「やっと人心地がついた」と言っていたが、機関銃の音が耳から消えない、とくり返していた。帰って七日目、胸の苦しみを訴えるので従姉と交代で背中をさすっていたが、夜が明けてきたので私は登校準備にかかり、炊事場に下りて洗面しているところへ、従姉が奥から駆けてきて「伯父さんがおかしい！」と叫んだ。急いで座敷へ引き返すともう、こと切れていた。あっけない最期だった。

二人の兄は、上海事変で帰れず（次兄も上海工部局に勤めていた）親戚や近所の人びとのお世話で葬儀をすませ、ほっとしたところで祖母の病状が悪化し、父の死から一カ月目に亡くなった。父の葬儀をすませて宇都宮へ帰ったばかりの長姉は、とんぼ帰りでやってきた。祖母の葬儀を終えて三日後に、私には第七高等学校（鹿児島）の入学試験が迫っていた。試験どころではなかったが、まわりの人たちが気晴らしのつもりで鹿児島まで行ってきなさいと言って、私のために早々に精進明けをしてくれた。一緒に受験することになっていた藤本君がわざわざまわり道して立ち寄ってくれたので、鹿児島まで同行、城山の下にある山下町の安宿に泊まった。給仕してくれる女中さんの鹿児島弁がさっぱりわからないのには閉口した。七高は城山の城址、桜島が目の前に見える見晴しのよいところにあり、白線の帽子にマントをひるがえして闊歩する高校生の姿を、うらやましく思ったが、試験はもちろん不出来、しかし天文館通りの繁華街を歩き、桜島の噴煙を眺めているうちに、気持ちも晴ればれしてきた。

帰ってみると家の整理はすんでいて、私は宇都宮の姉のところへ引き取られることになった。義兄は、軍人で宇都宮師範の配属将校である。私はどこかへ飛び出したい気持ちで一杯だったので、異存はなかった。中学四年の修学旅行まで県外に出たことがなかったが、今度は国鉄に登場して間もない特急「桜」で東京まで突走れる好奇心で、胸がふくらんでいた。当時は、門司と下関の間は連絡船、丹那トンネルはなく、東海道線は御殿場まわり。箱根の山を沼津から御殿場まで蒸気機関車が前後に二輛ついて、あえぎあえぎ引き上げ押し上げるのである。途中で自由に飛び降りてまた飛び乗れるといったありさまだった。

それから七年間、私の学資を出してくれた長兄も、当時は颯爽《さっそう》たる高級船員。戦争中は、海軍の予備士官（高等商船卒業者はすぐ海軍予備少尉となり、予備のまま進級して、大きな商船の船長は佐官級だった）として駆逐艦に乗り込み、揚子江の水先を務め、地位は艦長の次だと威張っていたが、敗戦で尾羽打ち枯らし、田舎へ引き上げ、親戚の抵当に入れてあった水田を買い戻して百姓に帰った。船乗りから百姓へ、文字通り「陸へ上がった河童」となったのである。

軍人の義兄は、戦前すでに予備役となり、戦争末期に応召、召集兵で編成された兵站《へいたん》部隊の部隊長として、ニューギニアにいたが、前線に出すぎて飢餓と熱病にさいなまれ、多くの犠牲を出し、かろうじて生きて帰った。姉が実家に疎開していたので、この家に落ちついた。現役時代はりっぱなカイゼルひげが自慢で、宇都宮ではヒゲ中佐（退役時大佐）の異名で通っていたが、戦後、軍人恩給の停止で収入の道を断たれ、器用な手先を生かして竹細工で生計を立てた。学生時代の休みには、いつも義兄の家にやっかいになったが、あるとき「軍人も職業であり、官吏や会社員と本質的には変わらない」と言ったら猛烈に怒り、「軍人は天皇の股肱《ここう》であり、国家の干城《かんじょう》である。いざというときは命を投げ出して国に殉ずるのが軍人の務めである。それを、そこらのサラリーマンと一緒にするとはなにごとだ！」と怒鳴りつけられた。姉はおろおろしながら、「こんなにお世話になっているのに、なんという失礼なことを言うのですか。わたしに力があったら、あんたを殺して私も一緒に死にたい！」と言って泣き出したものである。その義兄もやせ細り、ヒゲも落としてすっかり好好爺になっていた。撫順の監獄で一緒だったS憲兵中佐が、士官学校時代義兄に可愛いがられ、運動会の準備を手伝ってユデ卵をたくさんもらったと話していたことを思い出し（義兄は一時、士官学校の体育教官をしていた）名前を上げて聞いてみたが、思い出せないと言っていた。もう軍隊のこと自体に触れたくないようだった……。

いよいよ帰京する日が近づいて、長兄は私に「どれくらい金があったらよいか」と聞く。次兄も「今度はできるだけのことはしてやってください」と助言してくれた。それで、妻から言われた通り「一〇万円」と答えると、その日熊本市へ出て株を売り、夜遅くなって帰ってきた。私の目の前で札を数え「おれも生活費がいるから一万円はとっておく」と言って九万円渡してくれた。ずいぶんケチなことをすると思ったが、それをありがたく受け取った。横にいた姉が気の毒がって、もう一人の姉と相談して五〇〇〇円ずつ出し合い、「餞別に」と言って一万円くれたので、どうにか一〇万円になった。東京に帰ってこの金を妻に渡すと、「これで就職用の服装も整えられます」とほっとしていた。

帰京して間もなく、高校と大学の同級生が慰安を兼ねて歓迎会を開いてくれた。高校の連中は撫順に慰問品を送ってくれたので、厚くお礼を述べた。慰問袋といえば、それを送ってくれたときの代表者が小金井となっていたが、級友にはそんな姓の者はいなかったし、どうしてもわからない。あらためてたしかめると、実は大藪君だった。笑い話のようになるが、私のクラスは、理科乙類で大半が医学部志望だった。その頃から、医者になるのに「大藪」では困るんじゃないかと冷やかしていたのだが、幸い養子の口があって、腕はともかく、名前だけでも大藪にならなくてよかった。みんなが戦後日本の変り方について、本で読んでもわからないことをいろいろ教えてくれた。

大学の連中は、とにかく今後の身のふり方をT教授にお願いするようすすめてくれた。昔、T教授には、卒論の指導と就職の世話をしていただき、大学に残らないかとすすめられたこともあった。現在は日本農政の最高権威である。大学にお訪ねすると、とても喜んで、早速電話で、私の満州時代の上司・対島さん（新しく設けられた農業綜合研究所の総務部長）に私の復員を知らせ、しばらくソ連や中国の話をし、近く「アジア経済研究所」が設立されることを聞いて帰ったが、とりあえず履歴書を二、三通送るように、とのことだった。私は久しぶりに墨をすり、毛筆で半紙に三枚履歴書を書き、「もう戦争はこりごりで、今後は反戦平和を生活の指針としたい」という意味の手紙を同封して投函した。

その翌日、対島さんを役所に訪ねると、大変喜んで所員に紹介し、旧満州時代の人たちにも連絡してくださった。満州糧穀会社は、のち満州農産会社と改称され、その残務整理で旧職員に一万円ずつ渡すことになっていることを教えられ、その足で銀座にあった事務所に案内してもらい、請求の手続きまでしていただいた。しばらくして、再び対島さんを訪ねたら、今度は困ったような顔をして「君は教授にどんなことを書いたのか？　このあいだ会ったら、富永君は中国で『洗脳』されてきたようだから、しばらく頭を冷やす必要がある、と言っておられたが、そんなことは黙っとりゃいいんだ、困ったことをしてくれた」といましめられた。対島さんもその昔、三・一五事件で検挙されたグループの一人で、満州の国策会社の調査部にはこの種の人がたくさんいた。日本で挫折した理想を、五族協和、王道楽土をスローガンとし、大資本の進出を拒否していた満州で生かそうという気持ちがあったのだろう。対島さんは、間もなく綜研を辞めて、水利関係の仕事を始められ、いろいろ心配してもらったが、私の職はなかなか見つからなかった。

一九五六（昭和三一）年の年も暮れて、久しぶりに内地の正月を迎えた。二家族揃ってにぎやかな正月だった。義兄も二回の召集を受けて、ノモンハン（昭和一四・一九三九年夏）ではソ連の戦車のキャタピラを、何回も壕の底に潜んで下から眺め、とうとう負傷して後送となり、ビルマの特派員をはさんで中支で敗戦を迎えた。焼け跡に小屋を建て、庭を耕して野菜を作り、留守を守り通した母の苦労も並大抵ではなかったであろう。

正月が明けると、義兄が一緒になって、その親戚関係へ帰国の挨拶かたがた、私の就職の依頼をしてまわった。戦前、政友会の重鎮だった小川平吉氏は、妻の母の叔父に当たり、現在の小川一家は母のいとこで政界に活躍していた。まず、若くて大臣の経歴のある宮沢代議士を議員会館に訪ねた。部屋は地元（広島）の陳情団や地元有力者の子弟で今春大学を卒業する者の就職依頼などで、ゴッタがえしていた。やっと順番が来て義兄が紹介すると、「うちの親戚には経済界に活動している人がいなくてこんなとき困りますね！」と考えていたが、「そうだ、小川平二氏（宮沢氏の叔父）がエカッフェ（ＥＣＡＦＥ：国際連合アジア極東経済委員会）の東京事務所長だから、そこへ頼みましょう」と早速電話してくれた。その足で小川氏の部屋を訪ねると「エカッフェには当面席が空いてない」と前おきして、「現在、一橋大学の南博氏にお願いしている仕事で、特に中国語に堪能なら週に二、三日仕事はあります」ということだった。私は中国語はダメだし、婉曲なお断わりの意思表示だと思った。

初夏の頃、大学で一緒だった今井君の紹介で、前年の夏、参議院へ社会党から出た鶴園君を議員会館に訪ねた。彼は農業経済で一年後輩だったが、私の軍人恩給の審査が一年近くたっても音沙汰ないので、彼が内閣委員をしていることを聞き、相談をもちかけた。彼は気軽に連れだって恩給局に行き、係の課長に代議士特有の大型の名刺を差し出し、用件を述べた。課長はあわてて係を呼び審査の督促をしたが、それから間もなく、恩給証書が届いた。少額ではあるが、三年分まとめて受領したので、当座の足しになり助かった。そのとき彼は、私の「洗脳」問題を聞いて、それでは直接「アジア経済研究所」のK専務に頼んでみようと言ってくれた。K専務は彼の七高の先輩で、また農経の先輩でもあった。しばらくして彼から連絡があり、大手町の事務所に訪ねると、K専務は待っていたとばかり快よく会ってくれ、「鶴園君から話は聞いているが、研究所では定期的に学者や専門家を集めて特定の問題について座談会を開くことになっている。君にその係をやってもらいたいと思っている」と言われ、半ば驚きながらもほっとした。そしてまわりの部長に――調査部長（農経の後輩）はわざわざ調査室から呼んで――紹介してもらった。そして雑談しているところに、ひょっこりT教授が現われ、けげんな顔をして「君、ここに来ているのか」と言って通り過ぎた。教授は、ここの初代の所長になっていたのである。幾日かして

K専務から連絡があり、「先日話した仕事はある都合で取り止めになった。もしやる気があったら研究論文の校正のアルバイトの仕事があるがやってみないか」ということである。収入の道がないのでしばらくやってみることにした。

有力筋の就職はみな駄目になり、校正は片手間でできるので、私は引揚者証明書を持って新宿の職安に求職の申し込みをした。当時職安は、中小企業というより零細企業向けの紹介が主であった。二、三日して呼び出しがあり、係の人がいくつかの求人票の中から「これがいいでしょう」と言いながら一枚のカードを引き出し、一緒に事業所まで案内してくれた。小さな家の建てこんだ路地をいくつも曲がってやっと見つかり、企業主に係の人が私の履歴書を渡すと、一目見て「こんなに学歴が高くて年輩の方は、うちにはもったいなくてとても使えません」と断わられた。それからもいくつか紹介されたが、どれも同じような反応だった。係の人も見かねて「あなたのように学歴があって年輩の方は一番むずかしいんです。でも、たまにはよい求人がありますからしばらく都の失対事業をやってみませんか」とすすめてくれた。都の失業対策事業は、当時「ニコヨン」と呼ばれ、月に三週間、都の仕事（事務と肉体労働）を手伝うのである。私たち戦犯引揚者には、この「ニコヨン」の仕事に関しては優先権が与えられていた。これも、登録者について毎月面接があって一般の人には希望者が多く、半数近くが落とされるのである。もっとも落ちれば「ニコヨン」の日雇失業保険が支給された。私たちの場合、希望すれば必ず採用された。日給三五〇円、二〇日間の特権である。係の課長も、せめて一万円になればいいのですがねえと言っていた。

この仕事の場所は、都の本庁から区役所、税務事務所、福祉事務所、清掃事務所、職安等々であり、大抵毎月場所が変わる。私は新宿の職安に二カ月行って、職安の人と顔なじみになった。職安には、労働省からの出向職員があり、都の方が給与がよいと言っていた。職安で感じたことは、毎日求職に来る人、失業保険の受領者がなんと多いことか、ということだった。ここも「人生裏街道」の吹きだまりの一つのように思われた。

仕事は、書類の整理、統計づくり、ガリ版の原紙を切ったり、印刷したり、いろいろあったが、一般職員の仕事ぶりをみても、楽なものだと思った。仕事に精を出している姿は、あまり見当らないのである。教育庁の仕事を手伝ったとき、九時出勤の定刻に顔が揃うことはほとんどなく、五時になると一人も残っていないことが多かった。ある朝、九時前に杉並出身の有力な都議会議員が現われ、庁内を歩きまわっていたが、九時になっても職員の顔が揃わないのをたしかめると、大声で「なんというたるみ方だ！」と各部屋をまわって怒鳴りちらし、早速その日の会議に取り上げて、都知事に灸をすえた。すると、各部屋ごとに課長が職員を集めて「こういうわけだから……」と遠慮気味に「自粛」を呼びかけた。それからは少し締まってきた。

半年ばかりこの仕事を続けていると、ニコヨン仲間にも顔見知りがふえてくる。中小企業で結構よい地位についていた人が少なくない。倒産や人員整理で辞めた人たちだった。別に見すぼらしい服装をしているわけではないが、歩くかっこうから何か暗い影を引いている感じがする。まったく人ごととは思われなかった。私にもそういうところがあるに違いない。正式の職員をうらやましがる気持ちがどこかにあるのである。

夏も過ぎた頃、「来春日本の商品展覧会が広州（広東）で開催される予定で、その事務局ができている」ということを新聞記者をやっている義兄が聞きこんできた。義兄は職業がら各方面に顔が広く、社会党の勝間田代議士がこの展覧会の理事をしていることを聞き、紹介してくれることになった。約束の時間に議員会館に行くと、ちょうど勝間田さんがカバンを下げて自宅から会館にやってくるところへぶつかった。自民党の代議士が、おかかえの運転手のついた自家用車で乗りつけているのにくらべ、勝間田さんが歩いてくる姿は、きわめて印象的だった。勝間田さんも同じ農業経済（京大では農林経済）の出身で、履歴書を見ながら「T先生に口を利いてもらった方が力がありますよ」と笑いながら、気軽に電話機をとって展覧会の宿谷理事長と事務局総務部長の萩原さんに連絡し、紹介状を書いてもらった。その足で事務局の萩原さんを訪ねると「明日から来てください」と言われて、ほっとした。帰りに職安に寄り、就職の報告をすると、係の人も大変喜んで、失対事業の取り消しの手続きをしてくれた。

日本商品展覧会の周辺

一九五二年（昭和二七）年四月、戦後初めて社会主義国に入り、モスクワ経済会議に出席した高良とみ、宮腰喜助、帆足計の三氏がその帰途中国をまわり、六月、中国国際貿易促進委員会主席・南漢宸氏とのあいだに、日中貿易協定（輸出入額各三〇〇〇万ポンド）が調印され、これが貿易再開の糸口となって、以来民間協定として引き継がれた。この協定の中に、日中貿易拡大の一つの手段として、一年ごとに日本と中国のあいだに相互に展覧会を開催する、という条項があり、五八（昭和三三）年は日本が中国で開く二回目の展覧会であった。それを「武漢・広州日本商品展覧会」と呼んでいた。

展覧会の事務局は、ココム（COCOM：対共産圏輸出統制委員会）のワクの厳しい時代に、国交のない共産圏諸国との貿易の促進をはかる日本国際貿易促進協会（国貿促）と、日中貿易の主要な仲介者、日中貿易促進協会（日中貿促）、通産省から補助金の出ている日中輸出入組合の三団体が、主体となって作られていた。国貿促が主として総務関係、日中貿促が出品関係（出品勧誘）、輸出入組合が経理関係というような分担である。事務局は湯島天神に近いビルの五階を全部使っていた。すでに商社、メーカーに対する出品勧誘を終えて船積みの準備にはいり、運輸会社の倉庫には次々に出品物が運びこまれていた。

私の担当は、総務部の庶務関係だったが、近く部長の萩原さんをはじめ、総務部の主力が現地へ出発するので、その残留の責任者ということになっていた。事務局は展覧会ごとに作られる臨時的なものだったが、展覧会が恒常化する見通しがあって、閉会中は三団体からの出向者は本属に帰るが、基幹人員はそのまま保持する、という方針だった。指定された机に座ると、帰国一年ぶりにやっと職らしい職に就けた、という安堵感があった。それだけに、展覧会の成功を祈る気持ちで一杯だった。

仕事について一番困ったことは、電話の応待だった。もともと電話は、ここ十数年軍用電話以外縁がなかったし、実社会の電話器を手にしたことがなかったからである。かかってくる電話は商社やメーカーからの専門的なものが多く、慣れるまで一通りの苦労ではなかった。それでもどうにか慣れた頃、一九五八年の年が明けて、主力は広州へ向け出発した。年末、初めてボーナスというものを二カ月分もらい、にわかに懐が温かくなった感じがした。これでやっと正月らしい正月が迎えられるというわけである。

現地に向かう者は、飛行機で行く者と展示品を運ぶ貨物船で行く者と二組にわかれたが、誰でも飛行機で行きたいので、貨物船で行く者から文句が出る。そこで、乗船組には特別手当が支給されたが、こんな問題の起こるのも寄り合い世帯のせいだろうと思われた。思想的にも、国貿促、日中貿促が革新系なら、輸出入組合は保守系、国貿促が社会党に近ければ、日中貿促は共産党に近く、輸出入組合は自民党寄りと言ってよかった。しかし、少なくとも日中貿易を通じて日中友好を促進しようという点では一致していたのである。

残留の責任者は事務局長の細野さんだったが、細野さんは前回の北京・上海でおこなわれた見本市のときに中国を訪問して、「社会主義はこりごりだ」と言っていた。要するに「自由がない」ということである。細野さんは、戦前の上海のような雰囲気に魅力を感じていたのであろう。戦後の日本がまさにそうで、日本が一番住みよいところだと信じているようだった。

二月一日に、広州日本商品展覧会は盛大に開幕し、二四日まで続けられた。開会直後いくつかのメーカーのカタログに、二つの中国を意味する記事のあることが中国側から指摘され、いわゆる「カタログ」事件が起きた。事務局もその手落ちを認め、問題のカタログを回収し、宿谷理事長が中国側の当事者に陳謝し、今後中国向けのカタログは、事前に中国側の点検を受けるという取り決めで落着した。

今回の出品物は、二年前の北京・上海展にくらべて量的にも二倍近く増えた。とくに、質の上で前回は自動車部門など「いすず」のトラックだけだったのに、今回はトヨタ、日産をはじめ代表的メーカーが最新の乗用車やバスを出品、電機関係では東芝、日立をはじめ目じろ押しに出品をきそい、鉄鋼も八幡製鉄をはじめ大手三社が参加、化学工業関係ではプラスティック館を別に設けて系統的に宣伝するなど、きわめて盛大であり、人気も上々であった。

展覧会が成功裡に終了して間もなく三月、第四次日中民間貿易協定が調印され、展覧会の継続も可能になったが、この協定に台湾の国民政府が抗議して、日台通商会談の中止を通告してきた。これに対して、岸首相が蔣総統へ親書を送り釈明するということがあり、日中貿易の前途に一まつの暗影を投じた。実は前年六月、岸首相は東南アジア訪問の途次、これまで歴代の首相がやらなかった台湾に立ち寄って、国民政府の大陸回復に「同感」と語り、中国人民の感情を逆なでするような言動に出ていた。また岸首相は、戦争中、東条内閣時代の悪名高い「中国人強制連行」に関する閣議決定に商工大臣として署名しており、このA級戦犯が、戦後日本の最高責任者になっていることに中国人民は不信を抱いていたのである。その矢先、五月になって「長崎国旗事件」(長崎で開かれていた中国切手展の会場で、一日本青年が中国国旗を引きずり下ろした)についての中国側の抗議に対し、「外交関係のない国の国旗はただの物で、机や椅子と変わらない」という意味の放言をした。北京放送は早速、「中国を侮辱するものだ」と抗議の声明をおこない、締結されたばかりの第四次日中民間貿易協定の破棄を通告した。

こうしてやっと再開され、増加の一途をたどっていた日中貿易は、断絶の憂き目をみるに至ったのである。業界団体と従業員は、一丸となって政府、特に岸首相の頑迷な態度に抗議し、その反省をうながしたが、政府は態度をあらためず、日中関係は戦後、もっとも暗い時代を迎えることになった。

このような状況の前に、業界では貿易対象をソ連東欧諸国に切り換えたり、規模の縮小・閉鎖などの策を講じたが、結局、日商展事務局は閉鎖ということになった。三団体から出向していた職員は本属へ帰り、残務整理に最少限の人員を残してあとは解雇ということになった。新入の私も当然、解雇組にはいった。しばらく残務整理を手伝って、失業保険の切れた頃、解雇組の数名が宿谷理事長から若干の援助を受け、「国際科学技術交流協会」という名称の任意団体を作った。仕事はＪＩＳ（日本工業規格）の海外向け宣伝のパンフレット作りで、英語とロシア語で内容を紹介し、広告収入で経営をまかなって行こうという考えだった。日商展企画室の責任者Ｔ氏が主宰し、私が総務を担当した。何しろ工業技術の翻訳だから、専門家でないとできない仕事で、英語の方は東大工学部の大学院生にアルバイトを頼み、ロシア語は日ソ貿易の会社で通訳をやり、かつ技術にもくわしい人を見つけて参加してもらうことにした。

まず簡単な見本を作り、各国の関係機関に送ってその反応を見たところ、共産圏諸国の関心が強く、できたらぜひ送ってもらいたいということだったが、まとめて何百部という注文があるわけでなく、採算がとれるかどうか危ぶまれた。やっと一回分の印刷費相当の広告が集まって翻訳に拍車をかけ、半年がかりで第一冊を出した。しかし、財政は極度に行きづまり、Ｔ氏は田舎の家を抵当に入れ、萩原さんはありったけの貯金を提供し、私はやっと手にした恩給を手離し、みんなで出し合って第二冊目にかかったが、ついに投げ出さざるを得なくなった。工学部の大学院生にもアルバイト料の最後の分が払えなくなって、ほんとうに相すまないことになってしまった。

戦犯首相への憤り――再失業そして安保闘争

私は、再び失業保険を受ける身となった。前回のときも感じたことだが、保険を受ける人、つまり失業者のなんと多いことか。まったく驚いた。経済界では、五七〜五八年の〝なべ底不況〟から脱してすでに〝岩戸景気〟にはいっていたが、上層の好転が下層まで浸透するには長い時間がかかるのであろう。失業保険を受ける第一条件が「就職を希望する」ということで、職安から紹介を受けたら必ずその職場に出向いて面接を受けることになっていたが、私には一つも紹介がなかった。係の人も顔見知りで、帰国当初のことや前回のことを知っていたからであろう。保険が切れると、また失対事業へ移った。

このような状況の中で、岸内閣の安保改定工作は着々と進められていた。五一（昭和二六）年に締結された日米安全保障条約が一〇年で、六〇（昭和三五）年が改定の年に当たっていた。自民党を中心とする改定派は、この条約を日本側に押しつけられる責務の多い片務的性格をあらためて、自主的なものに改定しようという名目のもとに、五八（昭和三三）年一〇月から藤山外相がマッカーサー大使と交渉にはいっていた。

これに対して革新陣営を中心とする反対勢力は、この改定によって日米の軍事的結びつきが強化され、憲法で禁ずる戦力の増大をもたらし、再軍備と軍国主義復活につながる一方、自動的に大国間の争いに巻きこまれるという不安をもち、反対運動をもり上げていた。安保条約が中国、ソ連を対象とし、中ソ友好条約が日本を対象としていることはもちろんだが、スターリン批判(五六年)以来、異なる社会制度の平和共存が世界的動向となりつつあるとき、日本が自主的に安保を改定し、いたずらに中ソの警戒心をあおり、緊張激化をもたらすのは好ましくない、という面もあった。

幅の広い民主団体が中心となって作られた安保改定阻止国民会議は、五九(昭和三四)年四月、第一次統一行動、一一月は第八次統一行動により、二万名のデモ隊が国会構内にはいり、国会周辺のデモ規正の法案が提出されるようになった。岸首相は多くの反対を押し切り、新安保条約調印のため羽田を出発、一月一九日にワシントンで条約は調印された。

二月から新安保の国会審議が活発になり、国会周辺は連日デモ隊に取り巻かれ、しばしば警官隊と衝突を起こした。一月一八日付朝日新聞の世論調査によると、安保改定：是二九%、否二五%、安保審議の進め方：是六%、否五〇%、岸内閣の存続：是一二%、否五八%だった。

衆院安保特別委員会は、五月一九日、自民党の強行採決で混乱、清瀬議長は警官五〇〇名を導入し、座りこんで抵抗する議員を排除、本会議開催を強行した。野党と与党反主流派の欠席のまま会期延長五〇日を議決、二〇日未明、新安保条約を強行採決した。

野党は一致して質疑打ち切り、会期延長、新安保議決の無効と衆院解散要求を声明した。これに応じて、全学連の首相官邸乱入、国鉄スト、総評、中立系労組、学生、民主団体、中小企業者五六〇万の実力行使がおこなわれ、混乱はその極に達した。

五月二八日、岸首相は記者会見で「院外の運動に屈すれば、日本の民主政治は守れない。私は『声なき声』の支持を信じている」と述べたが、たちまち「声なき声の会」が各地に結成され、街頭に現われ、デモに参加した。六月一五日には全学連が国会に突入、警官隊と衝突し、その中で樺美智子さんは若い命を絶たれた。

こうした中で、六月一九日の午前零時、新安保条約の自然承認が成立し、二三日には条約批准書が交換されて、条約は発効、同時に岸首相が退陣の意志を発表した。岸首相の退陣で反安保の狂乱怒濤も次第に鎮静した。

この間失業中だった私は、あるいは日商展残留者、日中貿易関係の人たちと一緒に、あるいは中帰連の仲間と日中友好協会の旗の下にデモに参加した。妻も外銀連の一員として街頭に出、娘も全学連の一員として参加、家族三人がデモの中で顔を合わせることもあった。そのときの私の気持ちは「安保反対」よりむしろ「岸を倒せ」の怒号に共感をもった。岸首相の台湾での「大陸回復」賛成発言や、「長崎国旗事件」に示された非常識なやり方での日中貿易の断絶、日商展の解散による失業という、恨みもなかったわけではないが、何よりも無謀な戦争を始め、国民を苦難のどん底におとしいれたA級戦犯が、釈放後まともな自己批判もせずに、政界に帰り咲き、国政の最高機関である首相の座にいるということが、どうしても許せなかった。「国民が自分を選んでくれたのだから」ということが、彼らの免罪符になっているというが、なんという厚顔無恥ぶりであろうか。民衆は権力意志の軽舟を浮かべる流水である——とでも思って馬鹿にしているのか。流水も、激すれば軽舟を呑み込むことを忘れてはならない。

それにしても、A級戦犯を首相にして、平然としている国民もまた国民ではないか。西ドイツでは、なおナチスの犯した罪の究明を続けており、毎年みずからの手で戦犯の裁判を続けているというのに。一九六六（昭和四一）年、第二三回国連総会は「戦争犯罪および人道に反する罪に対する時効不適用に関する条約」を成立させ、主要な国々はみな署名、批准しているのに、日本はいまなお（一九七七年現在）署名も批准もしていない。日本人は敗戦直後、政府が呼びかけた「一億総懺悔《ざんげ》」――みんながお互いに悪かった――ですべてを御破算にしたのか？

日本人は何でも水に流すことを潔よしとする。そして「小異を捨てて大同につく」と言う。中国人は「小異を残して大同につく」と言う。小異を「捨てる」ことと「残す」ことは、大変な違いである。捨ててしまえばそれまでであるが、少しずつでも残しておけば、それは蓄積されて新しい発展の条件となるのである。水に流してもかまわないものと、水に流してはならないものとの区別がつかないようでは、いつまで経っても悪の根源は断ち切れないのではなかろうか。

はるかな認罪への道

私たちの言う認罪とは次のようなものである。

私たちは「満州事変」突入（昭六・一九三一年）以来、第二次大戦を通じて中国の領土において、日本の対中国政策――それは軍事上、行政上の命令として私たちに強制されたものであるが――の実行者（ある場合は命令者）として、非戦闘員、平和住民に対する虐殺、放火、略奪、破壊等あらゆる非人道的弾圧を強行し、戦後、南方地区で広くおこなわれた復讐的裁判では、当然死刑に処せられたであろう。

私たちが戦犯として人民中国に引き渡されて以来、中国人民は何一つ復讐的な取り扱いをしなかった。そればかりか、人間は本来どうあるべきかということを身をもって示し、それによって、私たちに自分の過去の行動・戦争犯罪に対する批判の目を開かせ、どのような刑罰も当然だという認識に達した段階で裁判をおこなった。そして、千百余名中四五名以外は不起訴とし、起訴された四五名に対しても最高、禁錮二〇年から一二年まで、それにシベリア以来の一一年の抑留期間を刑期に算入し、多くの人は刑期満了前に釈放された。二〇年の刑を受けた武部元満州国総務長官は、血圧病臥中のため、不起訴組と一緒に帰国を許された。

このような高度の人道主義精神に心打たれた私たちが持ったのは、二度と再びこのようなあやまちは犯すまい、という決意と、私たちの犯した罪行の対象となった被害者の方々に対する懺悔の心である。

それは、たとえ命令とはいえ、そのような罪を犯した自分自身に対する限りない怒りと同時に、そのような命令を押しつけた命令者、政策決定者に対する限りない憎しみの根源である。私たちはみずからの罪を認め責任をとる、という基礎の上に、命令者、政策決定者の責任を徹底的に追及する義務を感ずる。

それは命令者、政策決定者の人間そのものを否定するというのではなく、指導者として真面目に潔よく責任をとれ、ということである。そうすることが国家的・組織的指導者に再び同じ過ちを犯させない保障であり、理不尽に殺された被害者の霊に対する万分の一の回向《えこう》であり、同時に、非人道的な命令の実行者として、また無実の罪を押しつけられて処刑された仲間に対する礼と信ずるからである。

私たちの中国人民に対するこのような感謝の気持ちはみずからの体験にもとづく実感であり、歴史的、客観的事実である。だから、その後中国の歴史がどのように変わろうとも、それに影響されるものではない。しかし、私たちがこのような気持ちを持ち続けることと、その後の中国の政策をすべて支持するかどうか、とはまったく別個の問題である。なぜなら認罪は、政治的イデオロギーの問題ではなく、人間の良心の問題であるからだ。

中国の指導者がソ連の指導者を「現代修正主義者」と非難し、「赤色帝国主義」として敵視するから私たちもそうするというのではなく、スターリンは戦前「社会主義ソ同盟は一寸の土地(外国の)も必要としない」と公言しておきながら、今次大戦でポーランド、フィンランドの領土と、バルト三国(エストニア、ラトビア、リトアニア)の独立を奪い、歴史的には千島列島に含まれない、わが国のエトロフ、クナシリ、ハボマイ、シコタン諸島を占領し、一九三九年ナチスと共謀してポーランドを分割占領した際、捕虜にしたポーランド軍将校四千余名(一万ともいう)を、翌四〇年春、スモレンスク近郊の「カチンの森」*で虐殺し、同じく三九年、フィンランドに侵入して国際連盟から除名処分を受ける等々、およそ社会主義の理念に反する数々の事実の上に立ってソ連のやり方を非難し、これを憎むのである。

中国がアメリカで評判のよくないニクソン前大統領を「友人」として招待し、厚くもてなすからと言って私たちもニクソンを「友人」とみる必要は少しもない。私たちの仲間の一部の人たちはこのような点で思い違いをしているようである。日中友好とは何でもかでも中国に調子を合わせることではないはずである。この人たちは認罪を一宿一飯の仁義と混同しているのではあるまいか。

私たちの憲法は、その前文に「諸国民との協和」をうたっている。それはどこの国とも仲よくすることであって、特定の国と仲よくし、特定の国を敵視することではない。それは憲法の精神に反することである。実際、資源の乏しいわが国が戦争を放棄した以上、どこの国からでも原料を売ってもらい、どこの国にも製品を買ってもらわないかぎり、自立はできないのである。日中友好も「諸国民との協和」の一環である。ただし日中友好の根底には、千年来中国文化の受容国であった「後進国日本」が、明治以来、半世紀にわたり軍事的・経済的先進国として中国を侵し、中国人民に堪えがたい苦痛を与えた反省がなければならない。しかし、反省とはごう慢から卑屈になることではなく、正しい人間関係に立ち帰ることでなければならないだろう。

もともと歴史的にみても、日本人には外国崇拝、それの裏返しとして外部権力をカサに着る悪い傾向がある。それは後進者の先進者に対する――弱者の強者に対するコンプレックスの表われかも知れない。古くは、邪馬台国の卑弥呼以前から、各地の有力者は、きそって漢・魏・晋・南北朝に朝貢し、金印を受け、臣下の称号を授かり、大国の権威を背景に自己の地位の強化をはかった。大化の改新から奈良・平安朝にかけては唐文化への傾倒、室町幕府の足利義満は明の洪武帝に臣下の礼をとり、財政援助を受け、徳川幕府は儒教（朱子学）によって、君臣父子の道を権力支配の柱とした。明治・大正の欧米一辺倒、戦後は保守の対米、革新の対ソ、対中国一辺倒の歴史がある。シベリア民主運動もその一類型であり、こういうことは数えたてれば枚挙にいとまがない。卑屈とごう慢は表裏である。その根底にあるのは、一個の人間としての自覚の欠如ではないだろうか。

しかし、このような傾向に対して、一方、自覚にもとづく日本的気概が発揮されたこともまた無視することはできない。微々たる大和政権が確立して間もない段階で、聖徳太子が大帝国隋の煬帝《ようだい》に「日出ずる処の天子書を日没する処の天子に致す、恙《つつが》なきや」と対等の態度をとり、煬帝の気嫌をいたく損じたという有名な史実は、中国の記録にも残っている。これは、単なる身のほど知らずの強がりではなく、渡来して日なお浅い儒教・仏教を主体的に消化した人間的自覚の表現であろう。また鎌倉幕府の執権、北条時宗が、非礼な元の要求に対して妥協をはかろうとする朝廷貴族の弱腰をおさえ、断乎たる決意の下に元の使者を斬り、侵略者の野望に対し、毅然とした態度をとって国難を救ったこともあまりにも有名である。幕末・維新における先覚者の中には、そのような例は少なくない。

歴史的にみれば、国家の存在は絶対的なものではなく、デモクラシーの世界ではいわば必要悪であり、毛沢東も、共産党の任務は「共産党をなくすことである」と言っている。それは共産党を必要としない社会を作る、ということだろうが、そこでは、国家が権力としてではなく、単なる事務処理や生産管理の機関と化することをいうのであろう。しかし、歴史の現段階では、国際間の協力関係は逐次改善されつつあるとはいえ、まだナショナルインタレストにもっとも強く規制されている。

人類の福祉をあまねく増進するには、国境と国民を越えた全人類的段階への発展が望まれるが、国家的、民族的エゴイズムがこれを妨げる。だから、現実の問題としては、ナショナルインタレストを無視することなく、全人類的福祉を志向するほかないのである。

中国政府がソ連政府や日本共産党を敵視し、文化大革命を推進し、ニクソン前大統領を友人として招待することは、中国のナショナルインタレストから生ずる内政問題である。内政問題にはお互いに干渉しないことが平和五原則の精神であり、国際間のモラルでもある。日本人は日本人として全人類的福祉をめざし、適切な道を選べばよいのではないか。

しかし、私たちのいう認罪精神も、普遍的な歴史の風化作用をまぬがれることはできない。「再び同じような過ちを犯すまい」と誓った決意も、懺悔の心も、国民にあやまちを強いた指導者への憎しみも、そのまま放置すれば次第にさびついてくる。これを風化から守るためには、不断の意識的努力が必要である。私は認罪のもっとも徹底した一つの典型として、『恩讐の彼方に』（菊池寛）の主人公・了海和尚を想い起こす。

了海は、若い頃に積み重ねた悪行の罪亡しに、衆生済度の大誓願を発し、日田隧道《すいどう》の貫通に精魂を傾け、単身鎚《つち》とノミで岩盤に立ち向かうこと二十余年。肉は落ち、足はなえ、目はもうろうとなったがその大半を完成。その奇特の行為に、郡奉行は三十余名の石工を協力させ、貫通は時間の問題となる。そこへ、了海に殺された父の仇を討つため腕を磨き、十余年諸国を探し歩いた実之助が現われる。彼はただちに本懐を遂げようと思うが、まわりの者からまぢかに迫った貫通の日まで、了海の命を預けてもらえないかと乞われ、了海の不自由な体をみて、その乞いを受け入れる。日移り、やがて了海と並んで鎚をふる実之助の姿が見られるようになり、一年半後、秋のある夜、二人だけ鎚をふっていた真夜中、了海の一撃に手応えなくポッカリ穴が開いて、月に光る山国川の流れが了海のもうろうたる目に映る。「実之助殿、今宵はしなくも大願成就致した」と手を取り、歓喜にむせぶが、しばらくして「いざ実之助殿、約束の日じゃ、お斬りなされい」と形をあらためる。実之助は仇を討つ、ということより、このか弱い人間の手で成し遂げられた偉業に対する驚異と感嘆の心で胸が一杯であった。彼はいざり寄って老僧の手をとり、すべてを忘れて感激にひたる――。

この作品は、私の故郷に近い耶馬渓「青の洞門」にまつわる物語である。実之助の心の中では、父の仇としての憎しみの対象だった市九郎（了海の前身）の姿が、昇華されて尊い高僧の姿となり、敬仰の対象と化していたのである。この瞬間における了海と実之助の関係に、加害者が被害者に許される状況があり、私は、かつて中国で直面した認罪と寛大政策の接点を見る思いがしてならない。私たちの認罪は、果たして中国人民から許されるほどにまで徹底していたかどうか、私には了海にみる認罪の徹底は、無限の彼方にあるように思われる。

ところで了海和尚の場合、罪行の動機は外からではなく、自己から発したものであって、罪亡ぼしの懺悔は己を責める一方向のものである。しかし、私たちの場合は、戦争―占領政策という政治の延長上に、上からの指導・命令によってひき起こされたものであり、私たちの認罪は、実行者としての自分を責めると同時に、実行を強制した命令者の責任を追及しなければならないという二つの面を持たざるをえない。私たちはこの二つの面に対して、了海和尚の悲願の精神を学ばなければならないのである。

私は安保後、知人の紹介である私立高校の教員となったが、今日でもハルビン監獄で発病した腰椎カリエスの後遺症である坐骨神経痛に悩まされつづけている。権威ある専門医はレントゲン写真を見つめながら「卒直に言って、悪くなることはあってもよくなる可能性はまずない」と断定した。じっとしていると何ともないが、歩くと脚と腰がひきつるように痛む。しかし、この痛みこそ、私の業病で、私の認罪への警鐘と思い、一足ごとに痛みをかみしめて歩いている。

＊カチンの森虐殺事件

一九四三年の四月一〇日、ドイツ軍当局は国際記者団をスモレンスク（モスクワ西四〇〇キロ）の前線に招致し、近くの「カチンの森」におけるポーランド軍将校約一万名の墓を発掘、ソ連のゲ・ペ・ウがこれら将校を虐殺したと発表した。英国政府は連合国の足並の乱れることを懸念し、亡命ポーランド政権のシコルスキー首相、ラチンスキー外相を招いて懇談、亡命政権の声明を発表するとともに、万国赤十字その他公正な国際団体による調査を要求した。亡命政権の声明によると、一九三九年九月の戦闘（独ソ両軍が東西からポーランドに侵入占領）で約一万のポーランド将校がソ連の捕虜となった。四一年六月独ソ開戦に際し、ソ連はスラブの団結を唱え、ポーランドと手を握り、ポーランド軍を組織したが、その時さきに捕虜になった八三〇〇名のポーランド将校が行方不明となっていた。同年、モスクワを訪問したシコルスキー首相は、スターリンにその調査を依頼したが、ソ連政府は、すでに全員を釈放したと言明。しかし捕虜将校は帰ってこなかった……。

ソ連側は、「赤軍がスモレンスクを撤退するとき（四一年）ポーランドの捕虜将校を残しておかざるを得なかった。ナチスは彼らを射殺し、その罪をソ連側になすりつけようと宣伝しているのだ」と主張した。

一方、欧州各国の法医学専門家で編成された調査団は死体四九〇〇を解剖し、「……死因はすべて後頭部の銃弾貫通によるもので、死体とともに発見された日記、新聞等により、銃殺埋葬の時期は、四〇年三月〜四月ごろと確認された」と発表した。（一九四三年四月一八日『朝日』夕刊、同五月五日『毎日』夕刊、五二年三月六日『東日』）

※編注：今日では、ソ連側による虐殺であったことが歴史的事実として定着している。

第二編　B・C級戦犯と戦争責任

一九四三（昭和一八）年一〇月から一一月にかけて、モスクワ外相会議（米・英・ソ）、カイロ会談（米・英・中）、テヘラン会談（米・英・ソ）がおこなわれ、モスクワ・テヘランではドイツ、カイロでは日本に関する戦争責任、戦争犯罪の処理について協議され、関係首脳の連名で宣言・コミュニケが発表された。モスクワ宣言（一〇月二五日）にはナチスの残虐行為に対する警告、という色彩が強かったが、それによると「ドイツに樹立されることあるべき政府に休戦を許す場合、残虐行為、虐殺、処刑に対して責任ある、あるいはこれに任意に参加したドイツの将兵、ナチ党員は解放された諸国の法によって裁かれ、処罰されるため、彼らの憎むべき行為が行なわれた諸国に送還される」とあり、カイロ会談（一一月二四日）では中国側から提出されたコミュニケの資料『敗北後の日本の処置』に「中・英・米三国は、戦争に責任のある日本の指導者及び戦時中遂行された残虐行為に責任ある日本軍将兵の処罰計画――モスクワ宣言のナチ戦争犯罪人に関する計画と同じ――に合意すべきである」と規定していた。（『戦争責任論序説』大沼保昭、東大出版会）

これら一連の考え方を受けついで、一九四五（昭和二〇）年六月から八月にかけて連合国法律家代表（英・米・仏・ソ）が参加してロンドン会議が開かれ、慎重討議の結果、戦争責任追及の法理として「平和に対する罪」と「人道に反する罪」が確立され、その結果が、国際軍事裁判所条例（一九四五年八月）として結晶し、この条例にもとづいてニュルンベルグ裁判がおこなわれた。また同じ法理で、極東国際軍事裁判所条例（一九四五年一一月）がマッカーサー特別宣言で指令され、東京裁判がおこなわれた。

すなわち侵略戦争を計画・準備・開始し、指導した者が、A級戦犯として「平和に対する罪」に問われ、国際軍事法廷で裁かれ、残虐行為の命令者・実行者が、それぞれB級C級戦犯として「元の戦時国際法」に問われ、犯罪を犯した諸国に送還されて、それぞれの国の法律により裁かれることになったのである。

こうしてA級戦犯は、公式の国際軍事法廷で形式のととのった裁判を受けたが、B・C級戦犯は、米・英・豪・比・仏・蘭・中国のそれぞれ異なった国の法律で、五十余カ所の現地法廷——法廷というにはお粗末な場合が少なくなかった——でおこなわれたため、裁判官の選定、証拠判定などにずさんな場合がしばしば起こり、不合理な裁判となったことは許しがたいことである。なお裁判記録は、多くの場合、それぞれの本国に持ち帰られたので、詳細は不明であるが、有罪の判決を受けたB・C級戦犯の区分は、別表の通りと言われている。

また、シベリアに一一年間勾留された対ソ戦犯の人たち（二五〇〇名ともいう）の罪名は、ソ連の国内法による「祖国に対する反逆罪」、「資本主義幇助《ほうじょ》罪」だったという。ソ連が参加したロンドン会議の国際規定では、B・C級戦犯の犯罪は、「人道に反する罪＝残虐行為」であるはずだが、戦争中、日本軍のソ連領土内での残虐行為は一つもなかったのである。一体どういうわけだろうか。私にはまことに不思議に思えてならない。

（別表）B・C級戦犯の国別人数

国名	裁判期間	死刑	終身	有期	無罪	その他	計
アメリカ	'45・11～'49・9	140	164	872	200	77	1,453
イギリス	'46・12～'48・3	223	54	502	133	66	978
オーストラリア	'45・2～'51・4	153	38	455	269	24	939
オランダ	'46・8～'49・12	226	30	713	55	14	1,038
中国（国民政府）	'46・5～'49・1	149	83	272	350	29	883
フランス（サイゴン）	'46・2～'50・3	63	23	112	31	1	230
フィリピン	'47・8～'49・12	17	87	27	11	27	169
合計		971	479	2,953	1,049	238	5,690

（岩川隆「いまだ語らず」『潮』1976年8月号より）

なお、『日本の百年１』(筑摩書房)、『ドキュメント昭和五十年史５』(汐文社)によると、有罪の判決を受けた者4200余名（うち朝鮮人、台湾人299名)、死刑1069名、終身422名、有期2763名となっている。もちろんこの中には、私たち人民中国の戦犯1100余名中の有期45名とソ連戦犯の2千数百名は含まれていない。

1　人民中国以外のB・C級戦犯の裁判

A級の東京裁判が、一流の弁護士を揃えて二年半もかかったのに対して、B・C級の裁判は、長くて数週間、短いのは現場で即決というものも珍しくなく、形式上弁護士をつけても、弁護が取り上げられることはほとんどなかった。また命令の実行者（主として下級将校、下士官兵）であるC級戦犯は、命令者であり、上官であるB級戦犯が責任を引き受けてくれることを期待していたが、実際は、その逆に責任を押しつけられるケースがしばしばおきた。

名将といわれた今村均大将は、ジャワ方面最高指揮官当時のことについては、オランダ軍事法廷で無罪の宣告を受け、ラバウル方面軍司令官としては、オーストラリア軍事法廷で一〇年の刑を受け、一時内地に送還され巣鴨に収容されていたが、自分の部下が、故国を遠く離れて太平洋上で監獄生活を送っているのに、自分一人が内地にいることを潔しとせず、占領軍司令部に頼んでマヌス島の戦犯収容所に送り返してもらった。そして一九五四年まで部下とともに服役した。私は、こういう態度が、命令者として、上官として立派な責任のとり方であると思う。
敗戦の年、山下大将の公判の際、証人としてフィリピンに連れてこられた武藤章中将（レイテ作戦当時の山下将軍の幕僚長、東条陸相の下で軍務局長、A級戦犯として絞首刑）は、ルソン島ラグナ州カンルバン戦犯収容所に収容されたが、そのとき収容中の戦犯将兵一同に、次のような訓辞を与えた。「……皆は特攻隊員となり、裁判による被害を最小限に止めよ。また部隊長・兵団長は日本陸軍および日本の名誉のために、現地人、捕虜の殺害命令を下したと言ってはならぬ。祖国は諸君を、家族を見捨てはしない……」
この訓辞のため、上級者は犯罪行為として訴追されるような命令はすべて否定してしまったので、作戦命令による行為も受令者（命令を受ける部下）一人の発意による行為とされ、その責任を問われた。またフィリピンでは、裁判の初期に大本営某大佐と軍司令部の法務大佐が「日本軍における命令は、必ず服従しなければならぬものではない。命令には意見具申する道が開けているから、不法と考える命令は、意見を具申すればよいのである……」と述べた陳述書が米軍側に取り上げられて、受令者である下級者の立場をはなはだしく不利にした事実がある。（『比島戦とその裁判記録』東潮ライブラリー）
もちろん下級者の方でも法廷で、上官の命令はなかったのに命令を受けた、と言いはる者もあり、戦争の終わった段階で、生きるか死ぬかの瀬戸際に立ち、互いにエゴイズムを丸出しにするのは、人間の本能とはいえ、悲しいかぎりである。

以下、B・C級戦犯の裁判で、比較的形式のととのったいくつかの例を拾ってみるが、私たちが人民中国の戦犯として受けた取り扱いと比較すると、天と地の開きがある。

(1)　アメリカ飛行士の斬首事件

この裁判は、弁護を命ぜられたホワイト中尉が、きわめて良心的に弁護した、まことにまれな例である。

事件の内容

一九四五（昭和二〇）年五月二五日夜半、Ｂ29による最後の東京大空襲の際、それに参加した一機が、二六日午前零時半頃、千葉県長生郡日吉村の田圃に墜落した。この村の長栄寺という寺に、その前日、本土決戦に備えて北海道から移駐した挺身斬込隊の一個中隊が宿泊していた。中隊長Ｍ中尉（のち大尉）は、部下を指揮して現場におもむき、炎上する機体から瀕死の重傷を負った二名を収容した。夜が明けてからさらに四名の死体を収容、パラシュートで降下していた無傷の五名が次々に逮捕されて中隊へ連行された。搭乗員は一一名だった。

重傷者二名は、境内の銀杏の木の下にムシロを敷いて寝かせた。まもなく、大隊本部から軍医見習士官が衛生兵をつれて診察に派遣されたが、軍医は応召の眼科医で、薬品もなく灯火管制下で満足な手当ができなかった。朝になって、近くの町から憲兵分隊長U大尉が捕虜の引き取りにきたが、中隊長と相談の上、五名の無傷の生存者は憲兵隊に引き取り、二名の重傷者は、中隊で適当に処分するよう言い残して帰った。まもなく一名の重傷者は死亡、もう一名には監視兵をつけて放置しておいた。

午後になって中隊付S曹長が「重傷者をそのままにしておいても仕方がないからひと思いに『介錯《かいしゃく》』させてください」と申し出た。中隊長はこれを許可した。S曹長は、境内の真中に意識不明のアメリカ兵（実は少尉だった）を座らせて、兵隊や村人の見守る中、備前長船の銘刀で首を斬った。そのあとで、学徒出身のK見習士官が教官だった初年兵が、死体に対して銃剣術の刺突訓練をおこなった。その後、M中隊長は、寺の裏にある墓地の一角に特に眺めの良い場所を選んで穴を掘らせ、六名の死体をねんごろに葬り「米軍飛行士の墓」と書いた墓標を立て、部下の兵に参拝することを命じた。

ちなみにM中隊長は、神宮皇学館（内務省管轄の神官学校）出身。入隊前は、富士浅間神社の神官で、己を持するに最も謹厳な人であったといわれる。彼は、「支那事変」当初、北支へ出征したがやがて復員。太平洋戦争勃発と同時に応召。アッツ島へ渡り、米軍の攻撃で撤退。再び占守《シュムシュ》島守備の北海道師団に配属されたがまたも撤退を命ぜられ、本土決戦に備えて房総半島に駐屯することになった。この途中輸送船は撃沈され、わずか数十名が助かったが、彼もその一人で、新編成のうち中隊要員は、旭川連隊から初年兵教育係S曹長に引率され、二五日に到着。ここで初めて中隊長と部下が対面した。事件はその数時間後に起きたわけである。

裁判の状況

一九四五年一一月末、千葉県日吉村に米第八軍の軍曹が兵をつれて現われ、長栄寺裏の墓地からB29搭乗員の遺体を発掘した。遺体はすでに腐乱していたが、一体は両手を縛られ首を斬られていた。横浜に運んで検屍した結果、「数カ所に刺突傷、首はわずかに咽喉の皮膚にて繋《つな》がる」状態であった。米軍は日本軍の虐殺による死体と判定、ただちに調査を始めた。

M大尉が巣鴨に拘引されたのは、翌年一月下旬。続いてK見習士官の外刺突関係の兵七名が拘引され、北海道にいたS曹長にも呼び出しがあった。しかし、彼は函館で「これから連絡船に乗る」と家に電報を打ち、行方をくらましてしまった。連絡船から飛び込み自殺したと見せかけ、叔父の経営する山奥の製材所に身を隠したのである。

M大尉らの裁判は四月五日開始。起訴内容は「……捕虜になった重傷者は十分な手当と保護を与えられねばならない。被告らはその職責を怠った上、残忍非道な凶行を加えた」ということだった。検察側が最初に出した証人は、大隊付軍医である。彼は、自分は眼科医で外科のことはよくわからぬ、と強調、「病院に入院させていたら助かったかもしれない」と証言。憲兵のU大尉は「中隊で処分せよ」と言ったことを否定。二人の初年兵は、K見習士官が一緒に死体を刺突したことを証言した。

四月一三日、K見習士官が被告席に立ち、「教官として実戦の経験がなく、実戦の参考にするため刺突を実行した」と述べ、中隊長が現場にいなかったことを証言。M大尉が被告として証言台に立ったのは一五日。彼はこれまでの証言を聞いて、人間の弱さ、醜さに、この上は自分が潔く責任をとろうと心にきめた。彼は軍医、憲兵大尉、S曹長の言ったことを淡々と述べ、介錯は武士道にのっとる礼であると説いたのち、「死体刺突は私が下士官に命じた」と述べて検察側を驚かせた。その事実はなかったのである。「私はやがて白兵戦でたたかう運命にある部下を強くすることが自分の任務の一つと信じ、刺突を命じた……しかし、日本軍人として俘虜の死体を訓練対象にしたことは、ここに深謝する次第である」と。

弁護を命ぜられたホワイト中尉は、武士道の解明を求め、横浜聖公会の林牧師に弁護を頼んだ。牧師は会津藩士の家柄であり、「武士道では、見苦しい死に方を恥とするが故に、その見苦しさを曝らさぬため自ら命を絶ってもらうのが、介錯である。重傷で助からぬ場合介錯するのは、至当の行為」と証言した。ホワイト中尉は、さらに東大名誉教授中村孝也博士を招いたが、博士は自著の英文「武士道の科学的検討」を持参、林牧師の証言を歴史的に裏づけた。

こうして「介錯」と言われることには、検察側も手を焼いたが「死体の刺突」については弁護側も弁護のしようがなかった。検察側は、最後に茂原の病院長を呼び、民間の病院では設備も完備し、薬品も十分あったから、負傷俘虜を連れてくれれば助けることができただろうと証言させた。その後、日本人弁護士二人の発言で弁論は終わったが、四月二〇日午前九時、判決はM大尉絞首刑、K見習士官重労働二五年であった。M大尉は四カ月後の九月六日午前五時、刑を執行された。

S曹長は翌年六月、十勝の山中で作業しているところを逮捕され、七月巣鴨に収容された。その頃、初年兵係上等兵二名と初年兵四名計六名が、重労働二年から一五カ月の判決を受けていた。

S曹長の裁判は、四八（昭和二三）年一月開かれ、彼は何とか極刑をまぬがれようと思って、「命令による行為」を主張しつづけた。しかし、実行の責任をまぬがれることはできない。証人に立った彼の同僚は、一様に命令ではなく「彼みずからの発意」で実行したことを証言し、彼を怒らせた。一月二一日、判決は重労働終身刑であった。彼はこの判決を聞き、裁判官に最敬礼をした。彼の場合、単独裁判であり、中隊長がすでに処刑後であったことが幸いした。身を隠した効があったわけである。彼は六年後釈放され、すでに独立した四人の子どもに囲まれて、埼玉県で悠々自適の隠居暮らしをしているという。M大尉の妻は、死刑囚の妻であることに耐え切れず、子どもを置いて再婚、子どもは長じて京都大学に入学したが、在学中に自殺した。（思想の科学研究会編『日本占領』徳間書店、岩川隆著『神を信ぜず』立風書房）

(2) 泰緬（タイ・ビルマ）鉄道建設における俘虜虐待事件

これは、アメリカ映画『戦場にかける橋』で一躍有名になったタイ・ビルマ鉄道建設にまつわる事件である。映画はもちろんフィクションであり、クワイ河の架橋作業が主題になっているが、そのモデルになったのは、クワイ河とメクロン河の合流点よりやや上流に現在も残っているメクロン鉄橋（映画では木橋）だといわれる。実際は、俘虜の労働力は主として土工作業、材料運搬等の雑役であり、一部レール敷設（犬釘打）等の技術的な分野もあったが、架橋、隧道等の専門的技術を要する作業は、すべて国鉄技術員で編成された特設鉄道隊と、専門の鉄道第五、第九連隊の手でおこなわれたものである。ただ、本鉄道建設作業中に、日本軍の内包する諸矛盾と、現地の自然条件等の結果として、空前の犠牲者（死亡者）――日本兵一〇〇〇〇名、俘虜（英・豪）一万三〇〇〇名、現地労務者三万三〇〇〇名、計約四万七〇〇〇名――を出したことは事実である。戦後、連合軍が、この鉄道建設には「枕木の数ほどの犠牲者を出した」と表現したのは大げさであるが、その根本的な原因をつくったのは、大本営、参謀本部、南方総軍等の高級司令部（最高機関）でありながら、その責任は、すべて現場の指揮官、しかも下級の指揮官、軍属に押しつけられ、死刑三二名を含む一一一名が刑を受けた。

事件の概要

一九四二年三月、日本軍はビルマのラングーンを占領、戦線はマレーからビルマへ拡大した。しかし、ビルマ派遣軍に対する補給は、シンガポール経由の海上輸送では、距離と海上兵力から見てあまりにも遠く、その解決策として、南方総軍に泰緬《たいめん》鉄道の構想が生まれた。それにもとづき同年六月、大本営指示による南方軍の建設命令が発令された。区間は、タイのノンブラドックからビルマのタンビザヤまで、虎の棲息するインドシナ山脈を越えての約四五〇キロ。四三年末までに完成する計画で、労働力は現地人と俘虜を使うことになっていた。動員されたのは、日本軍約一万、俘虜約五万五〇〇〇、現地人約七万であった。

クワイ河の上流はマラリヤ、アメーバ赤痢の巣窟《そうくつ》である。一年おきにコレラが発生するのに、医療機関はゼロ。材料運搬の自動車はわずか一個中隊（三〇〇台）、兵站《へいたん》病院は配属でなく、単なる協力（手伝う程度）であった。タイ側にはクワイ河の船便があるという理由で、自動車はすべてビルマ側へやられ、クワイ河も雨期には増水して使用できないというありさまである。このような状態で一九四三年から本格的作業にはいったが、雨期の早期到来で、ビルマ側の道路は泥濘となり、トラックが動かない。タイ側はクワイ河の増水で船行できず、食糧・医薬品の輸送は途絶、そこへコレラの発生が重なる。さらにインパール作戦を控えて、工期の短縮が大本営命令で出る、という連続パンチ……。このような状況の中に悲劇は起こったのである。

最大の犠牲者（七〇〇〇名中三五〇〇名の死亡）を出したシンガポール第五俘虜収容所（板野中佐）の場合をみると、四三年四月、列車でバンポンに到着、シンガポールから二〇〇〇キロを有蓋貨車につめこまれる。車内は華氏一〇〇度（摂氏三七・八度）を超え、睡眠不足、栄養不足でバンポンに下りた時はふらふらだった。ただちに徒歩行軍で三〇〇キロ奥のニーケ（本作業の最奥）に向かったが、すでに雨期に入っていた。途中の宿泊施設は不十分、特に食糧の準備が悪く、その上、俘虜の半数近くが病弱者（保健を主とした作業だから病弱者でもよい、という指示が上級司令部から出ていた）で、現地に到着するまで二〇〇〇余名の落伍者が出た。モンスーンの中を三〇〇キロにわたる落伍者の収容に手間どり、それにチフス、コレラが発生、到着までに多くの犠牲者を出した。バターンにつぐ第二の死の行軍といわれるゆえんである。

現地の宿舎の屋根は破れ、粘土質の補給路（ビルマ側から運ぶ）は雨期に入って、車輛不通、糧秣・医薬品は極度に不足（米の配給量一日一〇〇グラムが一カ月続く）し、それにコレラ、チフスが蔓延、作業人員が一割に落ちることもあった。収容所側は、作業の延期を求めたが、「俘虜の犠牲というだけでは建設作業はやめられぬ」という大本営の通達があり、分所長・板野中佐は、老体に鞭打って雨の中の糧秣運搬に参加した。所員一同も俘虜の世話には全力を尽くしたが、所員の力ではどうにもならぬことが多すぎた。完成予定の八月を過ぎ、九月、オランダの俘虜が増加され、一〇月に入ってビルマ側とタイ側のレールが連結、二五日、開通式をおこなった。こうして一二月中旬、シンガポールに引き上げたが、帰った者は、出発時七〇〇〇名の半数に満たなかった。

裁判の状況

第五分所関係の裁判は、シンガポールのチャンギ刑務所で、裁判長・英国人、判事・検事は英豪各一、弁護士・現地日本人二名、特別弁護人・ウェイト大尉（本作業に参加した英人俘虜）の構成でおこなわれた。被告は、みな直接俘虜に接した現場の指揮官、監督者だけだった。

阿部中尉（鉄道第五連隊の現場小隊長）に対する断罪理由は、「夜間作業その他で俘虜を酷使し死に至らせた」ということだったが、証言に立った連隊長は、「阿部中尉のおこなった夜間作業に対してどう思うか」と問われ、「私は命令いたしません」と答えた。大本営の工期短縮の命令は、必然的に労働強化を引き起こさざるを得ないのに……。また「俘虜の給与についてあなたは如何なる処置をしたか」という質問に対しては、「規定のものは送りました」と答えた。送っても途中でストップし、現地には届かなかったのである。全線の医療業務責任者軍医部長は、「医薬品が不足したというが?」という問いに「請求通り送りました」と答えた。

近衛工兵連隊・丸山中隊（鉄五に配属）は、指揮下の俘虜とともに気の毒なほど最奥地の現場を転々と移動、食糧も日本兵自身の携行糧秣まで俘虜に支給し、作業能率は全線を通じて最高だった。分所長・板野中佐が、先頭に立って面倒をみていたことは俘虜も知っており、尋問に当たっては、椅子をすすめて座らせたという。

最終弁論に立ったウェイト大尉は、「……悲しい結末であったが、被告個人が責任を負うべき虐待は何一つ発見することができない」と強調し、上級司令部の責任を暗示したが、判決は次の通りだった。

絞　首　刑　丸山大尉（近衛工兵連隊中隊長、当時中尉）
〃　　　　　福田大尉（シンガポール第五分所附、当時少尉）
〃　　　　　阿部中尉（鉄五小隊長、当時少尉）
〃　　　　　豊　軍属（シンガポール第五分所警備員）
重労働五年　谷尾軍医大尉（シンガポール第五分所附）
〃　三年　板野中佐（シンガポール第五分所長）
（現代資料室・坂邦康編『史実記録戦争裁判』東潮社、広池俊雄著『泰緬鉄道』読売新聞社）

(3) 無実の罪に服した木村久夫上等兵

私が木村さんのことを知ったのは、一九七二(昭和四七)年八月一五日の夜、NHKの第三チャンネルで、安岡章太郎、安田武の両氏が「ある青春」(わだつみの遺書から)を取り上げ、対談した時からである。その後、木村さんの旧制高知高校時代の恩師・塩尻公明氏が、『或る遺書について』(一九七三年)を発表され、木村さんが死の数日前、田辺元博士の『哲学通論』(岩波全書)を三回通読し、その余白に、自分の刑死事情と最後の心境を書き残したことを知った。

彼は、京都大学で経済学の研究に一生を打ち込むつもりで勉学中、学徒動員で応召。マレー半島とインドに囲まれたベンガル湾上に散在するアンダマン・ニコバル諸島の中の小島、カーニコバル島に送られ、そこに駐留する独混(独立混成)三六旅団の一員となった。根っからの軍隊ぎらいだった彼は、同僚が幹候を志願して将校になるのに無関心で、古参兵から「危険思想の持主だろう」とどなられ、なぐられたこともある。たまたまこの島に民生部がおかれることになり、英語ができることから選ばれて、その職員の一人になった。住民たちは「木村上等兵は同じ人間としてわれわれとつき合ってくれる」とその人柄をたたえた。

四五(昭和二〇)年七月五日、カーニコバル島に連合軍の機動部隊(戦艦二、空母二を含む四〇余隻)が接近、海空から攻撃を開始、上陸の姿勢を示した。守備隊は、前面の敵を迎え撃つ体制をとるとともに、敵に呼応する住民の動きを警戒した。住民七千余人の中から、主だった二百余人を要注意人物として選び、彼等の動きを封ずるため、「避難」と称してジャングルの奥地に軟禁する計画を立てた。挙動不審の一〇名がまず、避難所に閉じこめられた。民生部の鷲見大尉のもとに、米泥棒として捕えた二人の住民が送られてきた。二人の住宅を捜索してみると、ランプと石油缶が見つかり、海上の敵艦に信号を送った形跡があった。そのことを旅団司令部に報告すると、参謀は「殺してしまえ」と言ったが、しかし、なお十分調べる必要があるので、取り調べは英語のできる木村上等兵があたることになった。七月一二日になると、機動部隊は忽然《こつぜん》と姿を消したが、調査が進むにつれ犯人の数は増える一方で、陸軍の旅団司令部は、軍事裁判をおこない、八月六日から一二日にわたって七〇名を処刑したのである。

敗戦後、旅団長以下約三〇名が逮捕され、翌年三月一三日からシンガポールで裁判が始まった。英国側は、戦時スパイ行為に対する処罰を責めることができない（スパイは捕虜と認められない）ので、島の住民を呼びよせ、取り調べ中に拷問や虐待をおこなったとして被告たちを責めた。裁判が進むにつれて、責任の所在が誰にあるか判断できぬほど混乱した。そこで旅団長・斉少将《いっき》は、「わたしが全責任を負えばすむことだ」と言って、まわりの者の止めるのもきかずに証人台に立ち、「……原住民に対してはつねに友好を心がけ、無益な損害を与えないよう努力してきたが、機動部隊が現われてからは、背後に重大な脅威を感じ、危険を避けるため、スパイ行為を取り締まらなければならなかった。今かえりみれば、われわれがとった態度には不完全な点がないとは言えない。責任はすべて私にある」と言い切った。

この裁判は、のちに「抽選裁判」と呼ばれるほど乱れた量刑が与えられ、木村上等兵や陸軍通訳の内田、安田氏など、もっとも責任の軽い被告が死刑。重いはずの参謀が無罪。病気のため初日に欠席した海軍の西兵曹長は、二日目に出席すると、裁判長コールマン中佐から退場を命ぜられ、公訴を取り消された。

木村上等兵の場合は、戦時中仕事の補助員として可愛がっていた現地人レスリーが出廷し、顔を伏せたまま、「キムラは残虐な人です」と述べ、「取り調べに当たって殴ったり蹴ったりした」と創作を証言し、彼を呆然とさせた。裁判長はレスリーの言葉を採用して、絞首刑を宣告したのである。

木村さんは、遺書の中に、「自分は日本軍の代表として罰せられることは到底受け入れられないが、日本国民が原住民に対して犯した罪の代償として罰せられるのだったら甘んじて受けよう」という意味のことを書いている。（岩川隆『神を信ぜず』立風書房、『日本の百年Ⅰ』筑摩書房）

⑷ ポンチャナク事件（海軍関係）

事件の内容

西ボルネオ最大の都市ポンチャナクでは、日本軍の占領当初は「オランダ軍を駆逐してくれた」と、現地の有力者以下住民はきわめて協力的であった。しかし、南太平洋で日本軍の形勢が悪化するに伴って、オランダ支配時代からあった「西ボルネオ共和国」樹立の計画が秘密裡に進められていた。一九四三（昭和一八）年九月、計画の詳細が坂本海軍中尉（のち大尉）の指揮する警備隊（陸戦隊一個中隊二〇〇名）によって摘発されたが、それは大要次のようなものだった。

「一九四三（昭和一八）年一二月八日、日本の『大詔奉戴日』に、ポンチャナク中学校でインドネシア側でも祝賀会を催す。このとき日本側の川本州知事、坂本警備隊長ら要人二十数名を招待し、食事を出す。接待に当たるインドネシア婦人会が飲料に毒物を混入して日本の幹部を倒し、かねて編成してある決起部隊（一〇〇〇名以上、機関砲、機関銃、小銃、手榴弾、拳銃で装備）に蜂起させ、日本軍を一掃、インドネシアの主権による『西ボルネオ共和国』を樹立する……」

坂本隊長は、ただちにパリックパパンの司令部（醍醐中将）に報告、指示を仰いだ。返電は「ただちに容疑者を逮捕し、次の命令を待て」であった。兵力比から先手を打つ必要があり、部下の特警隊長・中村少尉と相談。一〇月二二日午前四時行動開始。午前八時まで幹部一二〇名を逮捕。その糺明によって参加者のリストができ、一月上旬までに千余名を逮捕した。

司令部は、山路参謀長を中心に検討した結果「武器を携行、反乱に加わろうとした千余名は非正規軍、即ゲリラである」と見なし、三月末（四四年）処刑を指示してきた。坂本隊長が中村少尉と相談しているところに、北川上等兵曹が現われ、「市から離れた林の中で斬首するのが上策。私におまかせください」と提言、四月上旬、四日間にわたって、ゲリラを市の北方一〇〇キロのところにある林の中に運び、ゲリラに穴を掘らせ、その前で処刑してしまった。

六月三〇日朝、司令部から山路参謀長以下数名の士官が飛来して、映画館に法廷を設け、軍法会議を開いて、幹部のパンゲラン・アディパティ以下四七名全員に死刑を宣告、即日執行となった。坂本隊長は「スルタン（回教徒の領主）の嗣子アディパティ（大統領候補、テヘラン大学卒）

は自分がやるのが礼儀だろう」と心にきめ、刑場におもむいた。彼は首領の前に立ち、「パンゲラン・アディパティ、裁判の結果によってここに死刑を執行する」と宣告、軍刀のサヤを払った。アディパティは、日本軍の進駐当時は非常に協力的で、よく知り合った仲であった。彼は「少し待ってくれ」と頼み、正座に座り直し、「アッラー」と神の名を呼び「西ボルネオ共和国万歳！」を叫んだ。坂本隊長は一気に軍刀を振り下ろした。

このような大事件を未然に防止したことで、警備隊は、第二南遣艦隊司令長官から感状を授与された。

逮捕—裁判—処刑

坂本大尉は、敗戦時、横須賀砲術学校教官兼分隊長だったが、その後、郷里熊本に帰り、某デパートの保安係となり、生まれたばかりの長女を抱えて両親とともに平隠な生活をしていた。一九四六（昭和二一）年九月二二日夕刻、熊本中署の刑事が、「二五日出頭」の進駐軍命令書をたずさえてきた。刑事は「二五日までは三日もあり、実は御参考までですが、この期間に逃走された例が何件かございます」とつけ加えた。しかし、坂本大尉はそのような行動をとる気にならず、指定の日に中署に出頭、翌日、巣鴨へ護送され、四七年一月、シンガポールのチャンギ刑務所、三月一九日、ポンチャナク刑務所に到着した。

ここでは、かつて日本側に雇用されていた警察官マルス（中村特警隊長の部下）が看守長になっていたが、彼は「サカモトタイチョウ、ゲンキデガンバルヨロシーネ」と薄気味悪い笑いを浮かべた。監房の方へ歩いていくと、先の司令官・醍醐中将がすでに着いていた。「あー、司令官も……」と声をかけた途端、「ダマレー」という叱咤とともに、マルスの鞭を背中に受けた。醍醐中将は、華族の出身で、侍従武官を長くやり、敗戦時・第六艦隊司令長官で呉にいた。坂本大尉の部下、中村少尉（副隊長で特警隊長）もいた。もっとも屈辱を感じたのは、便器の掃除のとき飯盒《はんごう》で便をかき出しているところに、意地悪く食事を運び、急いで飯盒に水をかけようとすると、マルスの怒号と鞭がとび、便のついた飯盒で飯を受けさせるときだった。マルスは随時点呼をとり、醍醐中将以下を整列させて「気をつけ！」「休め！」「敬礼！」を日本語でくり返し、いちいち文句をつけて足で蹴り、拳でなぐった。戦争中ひどく怖れられていた特警隊長・中村少尉には、「タイチョー、アイコクコーシンキョクウタエー」と号令をかけ、歌いはじめると「コエガチーサーイ！」「ゲンキガナイ！」と言って頬をなぐる。日本軍に雇用されていたインドネシア人は、日本の軍歌を歌うことを強制され、間違えるとなぐられた。マルスはいまその報復をしているのである。

一九四七年九月二二日、ポンチャナクで最初のオランダ軍軍事法廷が開かれることになり、日本から二人の弁護士と通訳が到着、醍醐中将が第一回の裁判を受けることになった。裁判官は三人のオランダ軍大尉で、いずれも日本軍の捕虜となっていた者だった。

起訴理由は「一九四四年春より夏にかけ、被告は、パリックパパン第二二海軍特別根拠地隊司令官として勤務し、この間彼は、戦争法規に違反して、ポンチャナク海軍警備隊長・坂本政明に対し、坂本が西ボルネオにおける反乱容疑者として逮捕した者一〇四五名を、裁判手続きを経ずして殺害するよう命じ、この命令を坂本は、一九四四年三月より六月にかけ実行した」というものだった。

弁護側は次のように弁護した。「処刑は、パリックパパンに設けられた緊急軍法会議で書面審理によって死刑の判決を下されたものである。占領地において、司令官が軍命違反者を処罰することは各国でおこなわれている。裁判は、適法に作成されたと信ぜられる調書にもとづき、適法な手続きによる判決を下し、処刑の執行を命じたものである」。弁護側は、当時の醍醐らの処置は合法的であり、証人を喚問することを要求したが、裁判長は時日がないということで却下した。

醍醐中将は「本件に関しては全責任は私にある。処刑するなら私一人を処刑せよ。他の部下に罪はない」と堂々と主張した。裁判は三時間で終わり、一〇月三日、死刑の判決が下された。

続いて一一月二五日、坂本大尉、中村少尉らの警備隊関係者が法廷に引き出された。裁判長はオランダ軍中尉で、やはり日本軍の捕虜の一人だったが、前の裁判長にくらべ、態度は公正だった。彼は、死刑の対象を海軍で統帥権を持っていた将校のみに限定し、准士官、下士官は処刑に立ち合った者＝執行者も、死刑の求刑をしりぞけ有期刑とした。一一月二八日午前九時、坂本・中村は法廷に呼び出され、「住民虐殺の罪により死刑に処す」との判決を受けた。醍醐中将は一二月六日、市営運動場で、中村少尉は明けて四八年一月、刑務所の西南隅で、坂本大尉は、陸軍の山野少佐（海軍の来る前にポンチャナクに上陸した大隊長）とともに四月五日、中村少尉と同じ場所でそれぞれ銃殺刑に処せられた。（豊田穣『われボルネオに刑死す』文藝春秋社）

＊

一九五〇（昭和二五）年、私たちがソ連から中国へ戦犯として引き渡された時期には、すでに連合国による戦犯裁判は終わり、終身および有期刑の人たちは服役中であったが、死刑の判決を受けた人たちは、一部を除きすでに執行されていた。（国民政府下の中国では、一九四六年五月から四九年一月までのあいだに、死刑一四九名、終身八三名、有期二七二名が受刑していた。）それでも、私たちが撫順監獄に収容された当時、私たちに対し処刑を要求する被害者の声は、巷に満ち満ちていた。中国政府は、この被害者の要求を押さえ、私たちに真の人間のあり方に目を開かせるため、個人的感情をおさえて辛抱強い努力を重ね、私たちが「改悛の情」を示すにいたるまで、実に六年をかけた。同時に、私たちの罪行を裏づける証拠資料を詳細に調査し、公正な裁判をおこなう準備に六年。そして怒りに燃える被害者に寛大政策を納得してもらうのに六年――。このような三つの工作に最低六年の時間を必要としたのである。私たちも人民中国以外の国で裁かれていたら、前に掲げたB・C級戦犯の人たちと同じ運命をたどらなければならなかったであろう。そして同時に、無実の罪に服した人が少なくない反面に、当然処刑されるべき人が処刑をまぬがれ、大きな顔をして現在のうのうとのさばっていることを忘れてはならない。

ちなみに、B・C級戦犯は、一九五二（昭和二七）年四月の講和条約発効を機会に、巣鴨の戦犯拘置所の管理が日本に移され、それより先、外地に拘留中の戦犯がフィリピンから六〇名、中国から二五一名、蘭印から六九三名、仏印から八二名、香港から七〇名、英領アジア地区から二三一名、日本へ送り返されてきたが、この人たちは一九五七（昭和三二）年五月二〇日、一八名の仮釈放を最後として全員釈放された。

2　戦争犯罪とは何か、どうとらえるか

一九四九（昭和二四）年二月二一日の朝、樋口茂子さんは、新聞の片隅に「一四名に死刑」という小さな見出しを見つけた。その中に、女学校二年生のころ会ったことのある海軍中尉の名前があった。樋口さんは、戦後数年間、戦争裁判について何か割り切れない気持ちを持ち続けていたのだが、この時を契機に、彼女は自分が「何かをしなければならない」と感じるようになる。

樋口さんは一九二八（昭和三）年、静岡県清水市の生まれ。女学校三年生の頃から脊椎カリエスになり、病身の日々を京都の自宅で送っていた。彼女はマッカーサー元帥に助命嘆願書を出してみたが、答えはなかった。そこで、このことは、そうたやすくはおこなわれるものでないこと、問題が外地に広く散らばっていること、多くの日本人がかかわり合っていること、などがわかってきた。もはや、一人の旧知にかかわるだけの問題ではない。つても力もない少女であったが、彼女は大学を訪れ、教会を訪ね、新聞記者や京大生の協力を得て、助命嘆願の運動を続けていく。

調査の結果、その海軍中尉が問われているフィリピン、インファンタ地区の虐殺事件の詳細がわかってきて、中尉がこの事件の責任者でないことも明らかになる。とうとう嘆願運動の成果が現われて、中尉は帰ってきた。

しかし、戦犯に問われた人たちは、「自分たちが無実である」ということだけに心を奪われており、日本人の犯した戦争の残虐さに、かえって眼を覆ってしまっている。樋口さんの胸の中に生まれたのは深い失望だった……。(『日本の百年Ⅰ　新しい開国』筑摩書房)

樋口さんが不自由な体にむちうって戦犯の助命嘆願に情熱を燃やし、その悲願が実を結んだ段階で感じた深い失望――それこそが純な日本人の心であり、本来すべての日本人のあるべき姿ではなかったか。樋口さんは、戦争犯罪を犯した人びとのあいだに、罪の意識があまりにも稀薄なのに驚き、そして失望したのである。

第二次大戦後におこなわれた戦犯の裁判は、戦勝国の敗戦国に対する、勝者の敗者に対する一方的な復讐裁判であり、不合理きわまるものであった、というのが一般的な見方である。

たしかにその通りであり、先に述べたように無実の罪に泣いた人も、決して少なくない。その不合理は決して許されるべきことではない。しかし、もっと大切なことは、そのような裁判の種をまいた者、すなわち裁判の対象となる犯罪を犯したのは誰か、ということであり、そのような犯罪が歴史的事実として存在することを直視するか否か、それに責任を感ずるか否かという観点であろう。これこそが、より本質的な問題である。

裁判の不合理性を意識的に強調することによって、犯罪事実から目をそらさせ責任を回避する態度は、絶対に許してはならないことである。無実の罪で処刑された木村さんが書き残した「日本国民が原住民に対して犯した罪の代償として罰せられるのだったら甘んじて受けよう」といった認識は、日本人の犯した戦争犯罪に対するきわめて高い認罪感の表現であるといえよう。

また裁判だけでなく、戦後、現地の人たちから受けた報復的な処置は、日本軍の占領下に現地人がどのような思いをしていたかを如実に示している。占領者は、主観的には「恩恵」をほどこしているつもりでも、思い上がった占領者の無意識的な言動が、知らぬ間に被占領者の心をどんなに傷つけていることか。「自国民によるどんな悪政でも、占領者によるどんな善政よりましだ」という民族的誇りを、結局は誰もふみにじることはできないのである。自由と独立は、人間であることの条件である。

戦後B・C級戦犯の裁判で戦争犯罪として取り上げられた罪行は、捕虜や原住民、つまり非戦闘員に対する残虐行為であった。そしてしばしば、捕虜虐待の原因として、日本人がたたきこまれた「生きて虜囚の辱め《りょしゅうはずかし》を受けず」という軍隊での教育があげられる。自分たちが捕虜となることを恥ずかしいと思う心が、かえって敵方の捕虜を人間として取り扱わないことにつながるというのである。

しかし考えてみると、同じ日本軍が日清、日露の戦争において、また第一次大戦の際、青島戦のドイツ軍捕虜に対しても、きわめて丁重な取り扱いをしているのである。現地の住民に対してもまた同じである。イギリスの伝道医師デュガルト・クリスティは、旧満州の奉天（現在の瀋陽）に長く住み、現地で伝道と医療活動を続けていたが、本国に帰ってから『奉天三十年（一八八三

〜一九一三)』という回想録を書いた。この回想録は、「満州事変」のあとで岩波新書の一冊として矢内原忠雄(のちの東大総長)氏の翻訳により刊行されたが、それによると「日清戦争(一八九四〜九五)の当時、牛荘(現在の遼東湾に注ぐ遼河の河口に近い町)を占領した日本軍の規律の、予想外なる慈悲と厳正の結果、街は平静になり軍政は秩序あり、訴えはただちに聞かれ、裁きは公平だった。中国人を苦しめた廉《かど》で日本人の処罰された二、三件が一大印象を与えた。この外いくつかの大都会の行政も同じように、仁慈、公正かつ文明的だった。牛荘から九ケ月後奉天に帰り我が家にはいると、全然手がふれてなく、マントルピースの上に置き放しにしてあった鋏までそのままだった」という。

また日露戦争(一九〇四〜五)当時について「日本軍の奉天占領の間、その当局と我々の関係は最も友誼的であった。我々が負傷兵を収容したことに対する彼等の感謝が絶えざる友誼の始まりだった。総司令官大山元帥は親しく我々を訪問した。彼は極めて親切な人の心を得る人柄で単純卒直な重みのある人だった。最も苦戦して奉天に入った第二軍司令官奥大将についても同様だった。福島将軍その他は英語が分り、しばしば訪ねて来た。日本軍の首脳部との交際は最も幸福な思い出とならぬものはない」とも書いている。もっともそのあとからやって来た日本の民間人に程度の悪いのがいたことがつけ加えられてはいるが……。

日露戦争当時、乃木将軍とステッセル将軍の水師営での会見の挿話も有名である。乃木将軍は明治天皇の言葉を伝えてその勇戦を称え、ステッセル将軍は、乃木将軍の二人の子息がこの方面の戦闘で亡くなったことに弔慰の言葉をのべ、記念に自分の愛馬を贈った。(乃木将軍はその馬のために自分の住家より立派な家を作って大切に育てたという）また、日本海海戦で旗艦を撃沈されたバルチック艦隊司令長官ロジウェストウェンスキー中将は、日本軍に救い上げられ、佐世保の海軍病院に収容されたが、東郷大将が親しく見舞った話などはよく知られている。

こういったエピソードとは対蹠《たいしょ》的に、東京裁判での証人ブラックボーンの証言によれば、シンガポールの司令官パーシバル将軍、バターンの司令官ウェインライト将軍は、収容所内で日本兵にしばしばなぐられていたといわれる。「たえず新しい規則が作られ、その『規則違反』ということでなぐられた。ある日突然爪の検査があり、指に少し垢がついている、ということで将軍がなぐられた。パーシバル将軍はアゴと顔の横面をなぐられ、耳のすぐ下の皮が破れた」（『ドキュメント昭和五十年史⑤』汐文社）

みずから「皇軍」と称していた日本軍の規律は、いつの頃からこのように乱れたのだろうか。第一次大戦時、青島のドイツ軍捕虜に対しては丁重だった日本軍の態度は、そのあとのシベリア出兵ではすでに変わっていたようである。私がシベリアにいる頃、土地の古老が、「日露戦争当時の日本軍はサムライだったときいていたが、シベリア出兵当時の日本軍は鬼のようにおそろしかった」と語っていたことを想い起こす。

南京虐殺の責を負ってA級戦犯として絞首刑になった松井石根大将は、判決の後、教誨師・花山信勝氏に次のように語っている。

「南京事件ではお恥ずかしい限りです。……私は日露戦争の時、大尉として従軍したが、その当時の師団長と今度の師団長などと比べてみると問題にならん程悪い。日露戦争のときはシナ人に対しては勿論、ロシア人に対しても俘虜の取り扱いその他よくいっていた。……武士道とか、人道とかいう点では当時とは全く変わっておった。慰霊祭（南京入城直後）がすんだ直後、私は皆を集めて軍総司令官として泣いて怒った。――その時は朝香宮も柳川司令官も一緒にいたが、――折角皇威を輝かしたのに、あの兵の暴行によって一挙にそれを落としてしまった、と。ところがこのあとで皆が笑った。甚だしいのは、ある師団長の如きは『当り前ですよ』とさえ言った。だから私だけでもこういう結果になるということは、当時の軍人達に一人でも多く深い反省を与えるという意味で大変うれしい。折角こうなったのだからこのまま往生したいと思っている」

日本は、日清戦争で台湾を、日露戦争で朝鮮と南樺太を領有し、満州に対する利権を獲得した。その後第一次大戦で、中国、太平洋におけるドイツの権益を引き継いで、世界の五大強国、三大強国の一つとなり、さらに満州事変を計画的に引き起こし、中国本土への露骨な侵略を始めた。レーニンの言葉を借りれば、いよいよ「帝国主義」の段階へ突入したということだろう。

かつては「国を守る」防衛の軍隊であった日本軍が、日本資本主義の発展過程で「他国の領土を犯す」侵略の軍隊へ転化した。その過程に、「皇軍」の堕落があったと言えるのではなかろうか。ドイツ・ナチス軍が、ヨーロッパにくりひろげた残虐行為はもちろんのこと、米軍のベトナムにおける、フランスのアルジェリアにおける、ソ連のフィンランド、ポーランド（カチンの森）におけるように、戦争犯罪は不正の戦争につきもののようである。

さらに注目すべきことは、今次第二次大戦における米英（蘭）両国に対する宣戦の詔書と、日清、日露の際の詔書との異なる点である。日清戦争の宣戦の詔書には、「苟《いやし》しくも国際法に悖《もと》らざる限り」とあり、日露戦争の詔書には「凡そ国際条規の範囲に於て」という国際法に基づく戦争行為の限定があった——すなわち国際法にのっとった戦争行為と規定したが、今次の詔書には、そのような言葉は一言半句もない。つまり、はじめから国際法を無視する戦争だったのである。それは、すでに満州事変以来、国際規約を無視する行動（満州事変後国際連盟から派遣されたリットン調査団によりその違法性が立証され、日本は真先に国際連盟を脱退、ドイツ、イタリアがこれに続いた。そのあとソ連が連盟に加入したがフィンランド侵入〔三九年〕により連盟から除名された）をとり続けていたので、今次大戦の詔書では、およそ国際法を尊重するような言葉は使用できなかったのである。

そのような国家の姿勢、乱れた国策の遂行の過程で、軍隊が堕落するのは当然であり、戦争犯罪が起こるのは、むしろ必然であったといえる。そうなれば、戦争犯罪をひき起こした責任の所在がどこにあるかは、あまりにも明瞭なことではなかろうか。

3　ある抗命

血なまぐさい戦争犯罪のかげに、ただ一つさわやかな、すがすがしい思いをさせてくれるのは、戦後フィリピンの初代大統領となったマニュエル・ロハス氏を、生田兵団の幕僚長だった神保信彦中佐が、軍命に抗して処刑から守り通したことである。

一九四二（昭和一七）年二月、マッカーサーのフィリピン脱出の際、フィリピンの政府要人のほとんどは将軍と行動をともにしたが、国防大臣サントス、下院議長兼大蔵大臣ロハスの二人は、同胞と離れるに忍びず、残留することにした。そして四月、バターンの陥落後ミンダナオに渡り、ここで五月、一万の米比軍とともに生田兵団に投降した。兵団の幕僚長・神保中佐と初めて対面したとき、ロハスは「いま君に身をまかせるのは、一に日本軍の公明な取り扱いを信ずるからである。私は、かつて日本の歴史や国民性を研究した。そして日露、日独戦のむかし、日本政府が捕虜をよく世話したことを知っている。いまの日本の政策は間違っている。私はアジアの戦火のおさまるまで、マライバライの捕虜収容所で読書と瞑想にふけりたい」と訴えた。

セブ島で川口兵団に捕えられた同僚のサントスは、すでに処刑されていた。六月、ロハスにも処刑の命令が来た。ロハスは、すでに二〇代から国民の間で声望高く、初代大統領に嘱望されていた。バターンの「死の行進」にひどく心を痛めていた神保は、この英傑が、日本軍の信義を信じて、窮鳥として懐に入って来た以上、どうしても処刑するわけにはいかない。上官の意図がどうあろうと、投降俘虜を闇から闇へ葬ることは、明らかに国際法と日本人の道義に背くことだと考え、兵団長の了解の下に処刑を延ばしていた。

それより先、マニラの司令部には杉山参謀総長が視察に来て、「マレー方面にくらべ、フィリピン住民の日本に対する空気がひどく悪い。マレーでは抵抗分子の大量処刑をおこなったのに、フィリピンはそれをゆるやかにしているせいだ」と責めた。司令部の中堅参謀たちは、相ついでフィリピンの旧指導者の処刑をおこなって、中央の意に沿うことを心がけるようになった。司令部は、すでにロハスはダバオで処刑した、と発表し、処刑を延期している生田兵団を責めた。

神保は万策つきてマニラの司令部へ飛び、直接、本間司令官に嘆願する道をとった。司令官は不在だったが、参謀長・和知中将は、神保の話を聞き、「ロハス処刑の命令などおれは知らん。サントスや支那総領事を殺したときも司令官から叱られた。ロハスの処刑など考えておらん」と答え、参謀を呼んで「処刑の命令を出したか」と聞いた。参謀が、「そんなものは出しません」と答えると、参謀長は神保がたずさえた筆記命令を参謀に示し「これは何だ！」と叱った。その後で、参謀長は司令官に会い「死刑を延期し軍の宣撫《せんぶ》に使うべし」という決定をもらった。このため本間、和知両将軍は中央と気まずくなり、本間将軍は、間もなく退役となり、神保も「北支」へ転出、敗戦を迎え戦犯となったのである。

一九四六（昭和二一）年、独立フィリピン初代大統領となったロハスは、神保の行方を探し、神保が中国で捕えられていることを知った。罪状は一九四四（昭和一九）年五月、神保の部下が山西省平遙県で「馬と自動車を徴発した」ということだったが、実は、当時彼は河南作戦参加中で、この事件とは無関係だった。彼はその申し立てをしたが取り上げられず、有罪となり、済南の監獄に服役していたのである。

ロハスは、すぐ蔣介石総統へ親書を送り、大統領として最初の手紙が個人的問題であることを詫びながら、神保が自分の命の恩人であることとともに、神保の人となりをくわしく述べ、その釈放を頼んだ。こうして一九四七（昭和二二）年三月、神保は釈放されたのである。（『ロハスと神保』日本リサール協会）

4　戦争責任について

(1)　責任は誰が負うのか

一九七五（昭和五〇）年一〇月の天皇訪米に先立って、アメリカの週刊誌『ニューズウィーク』の東京支社長バーナード・クリッシャー氏は天皇と単独に会見し、一一項目の質問に答えてもらった。その記事が九月二一日、『ニューズウィーク』誌に発表され、日本の各新聞も翌二二日に、これをいっせいに報道した。なかでも、その第三問「戦争終結に当たって陛下が重要な役割を果たされたことはよく知られておりますが、日本を開戦に踏み切らせた政策決定過程にも陛下が加わっていたと主張する人々に、どうお答えになりますか」に対する答えは次の通りであった。

「戦争終結時に私は私自身の決定をした。というのは、首相が閣内で意見をまとめることができず、私に意見を求めて来たからで、私は自分の意見を述べ自分の意見に従って決定した。戦争開始の際は閣議決定があり、私はその決定をくつがえすことができなかった。私は、これは日本の憲法に合致すると信ずる」

この新聞発表に対する国民の反響は大きかった。「このような質問に答えられる天皇がおいたわしい」と質問そのものに対する反対もあり、憲法の宮沢博士も「憲法の規定から考えて筋の通った発言」だと言っているが、同時に「期待を裏切られた」という発言も少なくなかった。

草莽《そうもう》の臣をもって任じたグアム島帰還の横井庄一さんは、「天皇陛下は実に意外なことを言われました。私は天皇陛下の赤子《せきし》として、陛下の御命令により、陛下のために戦いに行った、と心からそう思っていたんです。それが、戦争は軍部が始めた、私はノーと言えなかった、軍部に利用されたのだと言われる。お前は赤子なんかではなかったと突き放されたような気持ちです。正直いってがっかりした。力が抜けたね。何のためグアム島であれだけ辛抱したんだろう」（『週刊朝日』一九七五年一〇月一〇日号）

また、ルバング島で戦後三〇年間「任務を遂行し続けた」小野田寛郎さんは言う。「上官の命令は朕の命令であり、絶対だった。そして戦った。敗戦後、日本人は誰も天皇の責任について言及しなかったようだが、天皇はみずから責任をとるべきだった。そうされた場合、あるいは国民の間から、天皇はいさぎよく責任をとられた立派な方だから、再びその座にすわってほしいと要望が出て来たかもしれない。そこんところをあいまいにしたことが、今の無責任時代の源流になったのではないか……」（『朝日ジャーナル』七五年一〇月三日号、リオデジャネイロ特派員発）

対日ポツダム宣言が発表されたのは七月二六日、日本政府がそれを確認したのは翌二七日、回答期限が七月三一日であった。当時の鈴木首相は、天皇に関する条項がないことを理由に、記者会見で「私は、ポツダム宣言はカイロ宣言の焼きなおしだと考えたい。重大な価値ある宣言とは思えない。ただ黙殺するだけである。われわれは戦争完遂に向かってただ邁進《まいしん》するのみだ」と発表、事実上拒否した。天皇もこのポツダム宣言には関心が薄かったという。その結果が広島・長崎の原爆であり、ソ連の参戦であった。そして数十万の犠牲者がつけ加えられ、領土問題を複雑にした。

天皇により戦争終結の断が下されたのは、八月九日深夜の御前会議の場においてである。それは、すでに長崎の原爆とソ連の参戦にショックを受けた後で、東郷外相の「天皇制・国体護持を条件とするポツダム宣言受諾」の案と、阿南陸相の「本土決戦で有利な条件を作り講和に持ち込む」案が、三対三で対立。鈴木首相は、自分の外相案への賛成案を保留して「聖断」を乞うた。同じことなら宣言発表の時点で断を下せば、原爆被災者の悲劇はもちろんのこと、ソ満国境にかばねをさらした関東軍将兵と、国策に従い悲惨な死をとげた満蒙開拓団の悲劇も起こらなかったであろう。ポツダム宣言を受け入れるのに要した二週間の空白が、日本国民にどんなに深い傷痕を残したことか……。

一五日間にわたる訪米を終えて帰国後の天皇と内外記者五〇名との会見が、一九七五年一〇月一三日に皇居でおこなわれた。自由質問の形式で、ある記者が「ホワイトハウスにおける『私が深き悲しみとするあの戦争』という御発言がございましたが、このことは、陛下が開戦を含めて戦争そのものに対して責任を感じておられる、という意味に解してよろしゅうございますか。また、いわゆる戦争責任についてどのようにお考えになっておられますか」と質問したのに対して天皇の答えは「そういう言葉のアヤについては、私はそういう文学方面はあまり研究もしてないのでよくわかりませんから、そういう問題についてはお答えできかねます」であった。

質問者は「戦争そのものに対して責任を感じておられますか」と聞いているのに、それを「文学上の言葉のアヤ」とは、また何とも見当ちがいの答えである。天皇にとっては、戦争に対する自分の責任を国民の前に明らかにし、小野田さんの疑問にも答える絶好の機会であった。なぜ「その通りです」と答えることができなかったのだろう。天皇にとって「戦争責任」という言葉は、タブーになっているのだろうか？　側近の者が口を封じているのだろうか？

太平洋戦争開戦の前年、目的不明の任務を帯びて出航したまま、艦とともに消息を絶った潜水艦の艦長を父に持ち、原爆被災の広島第二高女生をクラスメートとする、女性史研究家の山崎朋子（『サンダカン八番娼館』の著者）さんは、カラの桐箱を抱かされ、仰々しい海軍葬で弔われた父の死が契機となって、わずか八歳の幼な心に「天皇は神か」という疑問をいだき、子ども心に考えられる最大の「不敬」行為を試みて「神でない」ことをたしかめ、敗戦後、天皇の人間宣言を当然と受け止めていたが、こんどは「天皇のおんために」と死んで行った父をはじめとする多くの日本人に対して、天皇から人間としての対応が、必ず見られるにちがいないと思ってきたと言う。それが、この記者会見、在位五〇周年記念行事で無惨にも裏切られ、「天皇は人間としてすら認められない」と訴えている。これは、かけがえのない子ども、父や夫を奪われた多くの母親、戦争未亡人の、口には出さないが真実の心でもあるだろう。

戦前は、法制上、天皇は天皇という地位に束縛される以外、一切の法律上の責任から解放されていた。天皇の国務上の決定には、輔弼《ほひつ》の任に当たる総理大臣以下の各国務大臣が副署し、天皇にかわって責任をとり、また、統帥上の輔弼の責任は、参謀総長、軍令部総長がとる仕組みになっていた。

しかし、戦犯を裁く国際軍事法廷は、日本の法律に拘束されるはずもなく、はじめはアメリカとインドを除く連合諸国は、天皇の戦争責任を追及する強硬な態度をとっていた。七月一八日の重慶放送は、「中国は、日本の天皇を、戦争と、中国―太平洋における日本が犯した残虐行為の、主たる責任ある戦争犯罪者として宣告すべきだと提議する……」と中国の意志を表明した。しかし、検察権をにぎり裁判をリードするアメリカの主張に押し切られた。

アメリカの主張の根拠は、戦争終結に示された天皇の権威であった。戦争終結に当たって連合国がもっとも恐れたことは、あれほど暴れ狂った日本軍が、おとなしく武装解除を受けるかどうかということであった。敗戦時、なお日本は五〇〇万の武装兵力を保持していた。軍と国民に武器の放棄を説得できるのは、天皇をおいてほかにない。そして、事実やってみると天皇の号令一下、いともスムーズに武装解除を終えたのである。いま天皇を戦犯として法廷に引き出せば、どのような混乱が引き起こされるか予想もつかない。それが占領政策の障害になることは目に見えていた。マッカーサーは、天皇の権威は二〇個師団の兵力に相当すると読んだ。アメリカの占領政策を成功させるには、天皇の権威が必要だったのである。こうして天皇の名は戦犯リストから削除された。

東京裁判のウエッブ裁判長（オーストラリア代表）は、判決が下された後、個人的意見を発表し、「天皇は常に周囲の進言にもとづいて行動しなければならなかった、という意見は、証拠に反するが、またかりにそうであったとしても、天皇の責任は軽減されるものではない」と述べ、また、彼はアメリカで出版された『天皇の陰謀』（バーガミ、一九七一）の序文に、「法廷に提出された証拠は、天皇は実際あの戦争を正当化し、そのことによって戦争責任があったことを明らかにした」と書いている。

一方、天皇の仕事は奏上事項を裁可するだけのように考えられ、さきのニューズウイーク支局長との会見でも「閣議決定事項は覆せない」となっているが、実際は、天皇は大権の施行に当たって主体的な判断をおこない、時には強力な指導性を発揮していたのである。

現在の天皇（編注：昭和天皇）が即位して後、最初に任命された総理大臣・田中義一大将は、実質上・天皇に罷免された。一九二八（昭和三）年六月に起きた「満州某重大事件」（関東軍参謀・河本大作大佐らによっておこなわれた張作霖爆殺事件）について、田中首相ははじめ、天皇に「犯人は関東軍の軍人である」ことを報告、「今後は強く軍紀を正す」ことを約した。新聞には「真相調査中」とごま化したが、議会に真相の発表を迫られ、首相は「真相は不明である。日本軍人は関係していない」という趣旨を公に発表するため、天皇の許可を求めた。天皇は厳として「それはまったく前後相反するではないか」と叱った。首相は返す言葉もなく引き下がり、鈴木待従長から「再び田中の声をきくのは嫌だ」という天皇の言葉を伝え聞いて、内閣総辞職を願い出で、そのまま勅許となった。（本庄繁備忘録――鈴木待従長談話）

また、二・二六事件（一九三六年）においては、事件直後、川島陸相が状況を報告した際、天皇は「今回のことは精神の如何を問わず甚だ不本意なり。国体の精華を傷つくるものと認む」と叱った。しかし、陸相は皇道派の荒木、真崎両大将に尻をたたかれ、軍事参議官会議（軍事上の天皇の最高顧問）を召集し、天皇の意志に反して「諸子の決起の趣旨は天皇に報告されている。諸子の行動は国体顕現の至情に基づくものと認む」と全軍に告示、叛乱軍に同調し、叛乱軍を戒厳部隊の一部に編入した。

これより先、二六日の朝、加藤寛治大将（予備）の推せんで、伏見宮軍令部総長が、真崎大将を同伴、天皇に新内閣の組閣を伺って拒否された。（木戸日記）

第二日目（二七日）、後藤内相が臨時首相代理として内閣総辞職を天皇に願い出たとき、天皇は「内閣は総辞職するな。速かに『暴徒』を鎮圧せよ」と命じた。侍立した本庄侍従武官長（満州事変当時の関東軍司令官、真崎、荒木と同期）は、そのあと天皇に「決行部隊の将校の行動は許せないが、君国を思う精神はとがむべきでない」旨を言上し「『暴徒』という言葉は使わないでいただきたい」と申し述べると、天皇は「朕が股肱の老臣を殺戮《さつりく》す。此の如き兇暴の将校等その精神に於て何の恕《ゆる》すべきものありや」とこれを拒否、なお鎮圧が実施されないのにいら立ち、本庄侍従武官長に「朕自ら近衛師団を率い、これが鎮定に当らん」（本庄日記）とまで決意を表明した。天皇のこの断固たる鎮圧方針が、陸軍首脳部の叛乱軍同情勢力（皇道派）を押さえ、鎮圧派（統制派）を励まし、三日目（二八日）午後、「奉勅命令」によって叛乱軍に原隊復帰を命じた。「今からでも遅くない」で有名な香稚戒厳司令官が、ラジオで「兵に告ぐ」を放送、それでも叛乱部隊首脳二名（磯部、村中）が頑強に抵抗したので、翌二九日、これらを「叛徒」と規定し、実力行使に移った。これに対して、叛乱部隊は抵抗せず、一部将校は自決、他の将校は陸相官邸で武装解除を受け、部隊は下士官の指揮のもとに原隊へ復帰した。天皇は、軍事参議官、侍従武官長の意見をしりぞけて自己の意志で「叛徒」を鎮圧させたのである。

「支那事変」の泥沼から抜け出すことを意図して、太平洋戦争に突入するに当たっては、四一（昭和一六）年九月三日、政府大本営連絡会議で「帝国国策遂行要領」が審議され、六日、これを基礎に御前会議が開かれた。天皇はその前日、あらかじめ杉山、永野陸海両総長を呼び、詳細な質問をした。「近衛手記」によれば、天皇は杉山参謀総長に対し、「日米に事起らば陸軍としては幾許《いくばく》の期間に片付ける自信ありや」と聞き、総長は「南洋方面は三カ月くらいで片付けるつもりであります」と答えた。すると天皇は、「汝は支那事変勃発当時の陸相なり。其の時陸相として事変は一カ月くらいにて片付く、と申せしことを記憶す。然るに四カ年の永きにわたり、まだ片付かんではないか」と。総長、恐懼《きょうく》して、支那は奥地が開けており、予定通り作戦し得ざりし事情をくどくど弁明すると、天皇、声を励まして「支那の奥地が広いというなら、太平洋はなお広いではないか、如何なる確信あって三カ月と申すか」と突っ込む。杉山総長頭を垂れて「答うるを得ず」。杉山総長は最後に「……必ず勝つとは申しかねます。日本としては半年や一年の平和を得ても、続いて困難が来るのではいけないのであります。二〇年、五〇年の平和を求むべきであります」と答えると、天皇は大きな声で「ああわかった」と言った。そして六日の御前会議で「帝国は自存自衛を全うするため、対米（英・蘭）戦争を辞せざる決意の下に、おおむね一〇月下旬を目途とし戦争準備を完整す」を第一号とする「帝国国策遂行要領」を一字一句の修正なく裁可した。近衛首相は、前記要領の第二号「帝国は右に並行して、米英に対し、外交の手段を尽くして帝国の要求貫徹に努む」に重点をおき、外交による打開をはかったが、すでに米英の大西洋憲章、米の連合国への武器援助法、対枢軸国石油禁輸等が決定しており、外交打開の道がなく、第三号「外交交渉により一〇月上旬頃に至るも尚我要求を貫徹し得る目途なき場合に於ては直ちに対米（英・蘭）開戦を決意す」を強硬に迫る、陸軍を背景とする東条陸相を説得するを得ず――東条陸相はこのことにつき首相と会談の意志なしと表明（木戸日記）――一〇月一六日、内閣総辞職を決行した。

こうして天皇は、木戸内府の推せんした東条に組閣を命じたのである。近衛内閣の書記官長だった富田健治氏は、敗戦の色濃くなったとき、近衛に「あのときもう少しがんばり、東条を更迭し日米交渉を継続できなかったでしょうか」と問うた。近衛は「陛下はもちろん平和主義であくまで戦を避けたいお気持ちであったことに間違いないが、自分が総理大臣として今日開戦の不利なることを申し上げるとそれに賛成しておられるのに、明日御前に出ると『昨日お前はあんなに言っていたがそれほど心配することはないよ』と仰せられ、少し戦争の方へ寄っておられる。次回にはもっと戦争の方に寄っておられる。従って統帥について何ら権限のない総理大臣として唯一の頼みの綱の陛下がこれでは、とてもがんばりようがない」と答えた。（富田健治『近衛公の想い出』）

こうみてくると東京裁判のウエッブ裁判長の見解を待つまでもなく、天皇の戦争責任は明瞭である。にもかかわらず、連合国は天皇を裁かなかった。それは、とりもなおさず、天皇の法律上、刑事上の責任を解除したことを意味する。

しかし、なお残るものは政治的、道義的責任である。A級戦犯の政策決定を裁可した政治的責任はもちろんのこと、戦後連合国の軍事法廷で有罪の判決を受けた四四〇〇余名（うち死刑約一〇〇〇名）のB・C級戦犯が犯した非人道的残虐行為は、ほとんど上官の命令でおこなわれた。「上官の命令は直ちに朕が命令と心得よ」と教えた軍人勅諭に従って行動した結果である。B・C級戦犯の犯罪は、天皇制軍隊の機構そのものの犯罪である。機構そのものから発生した犯罪に対して、機構の頂点に立つ者の道義的責任は、まぬがれようがない。

また、対米（英・蘭）宣戦の詔書で「帝国ハ今ヤ自存自衛ノ為蹶然《けつぜん》起ツテ一切ノ障礙《しょうがい》ヲ破砕スルノ外ナキナリ」と国民に訴えておきながら、戦争終結の詔書では「尚交戦ヲ継続セムカ終ニ我カ民族ノ滅亡ヲ招来スルノミナラス延《のべ》テ人類ノ文明ヲモ破却スベシ」となった。

つまり「自存自衛のため」決然と起《た》て、と激励して国民を総動員して始めた戦争が、「民族の滅亡と人類の文明破却」を引き起こす結果となった。そのような政治的判断の誤り、もしそうでなければ、国民をあざむいたことに対する道義的責任を、何としても回避することはできないだろう。

「上正しからざれば下かならず乱れる」。戦後、相つぐ高位高官の収賄汚職とその責任回避、企業公害、環境汚染、自分さえよければ他人の迷惑を顧みない無責任の風潮は、天皇の戦争責任に対するあいまいな態度がその源流となっていると言っても言いすぎではないだろう。

一方、国民の側に戦犯の戦争責任を追及する熱意が欠如していることが、いっそうこの無責任体制を助長しているといえよう。同じ過ちを再びくり返さないためには、過ちの原因を徹底的に究明してその原因を取り除くことが何よりも必要なことである。戦犯の戦争責任を徹底的に追及することは、悲惨な戦争の悲劇を再びくり返さない保証である。それがなおざりにされているのが現状ではないだろうか。

(2) 再び過ちをくり返さないために

戦争中、一九四三（昭和一八）年一〇月、中野正剛氏が『戦時宰相論』を書いて東条首相を批判し、「倒閣容疑」で憲兵隊に逮捕され、議会の開会で釈放されたその夜、自決、憤死したことはよく知られている。また一般にはあまり知られていないが一九四四（昭和一九）年一月、横浜地方裁判所の判事・岡井藤志郎氏は、東条内閣のやり方は亡国の政治である、と東条弾劾の手紙を送り、三月、再びこれをくり返した。その結果、判事懲戒裁判にかけられ、第一審で「懲戒免職」の判決を受け、第二審に係属中、敗戦となった。

戦後、占領軍の指示で、政治犯の減刑、恩赦がおこなわれ、共産党の宮本顕治氏が釈放された勅令五八〇号、七三〇号で、岡井さんも免訴となった。恩赦を受けた人のなかで岡井さんは、ただ一人これを喜ばず、「恩赦を取り消せ」と裁判所に抗議した。岡井さんは、自分が被告となることによってこの戦争を始めて国を滅亡の淵におとしいれた高位・高官、とくに東条英機の戦争責任＝亡国罪の判例を確立しようとしたのである。

岡井さんは、自分の愛する母校一高の同窓会誌が、東条内閣の閣僚の半数以上が一高出身であり、つまり戦犯が母校の先輩であることを誇らしげに記しているのをみて、「私は六〇年前、一高の校風をみてこの中から天下国家を救う人物出ずべしとは思われなかった。わが愛する母校に対し甚だ失礼であるが、私の勘は当ったのである」と死（一九七四年）の直前に書き残した。（『朝日ジャーナル』一九七六年四月二三日）

かつて（私の学生の頃）陸軍の青年将校たちは「東京帝大はつぶしてしまえ。しかし、一高は残せ！」と言っていたと聞いたことがあるが、一高には陸軍の将校から評価される何物かがあったのであろう。

中野、岡井両氏のように、戦犯の戦争責任を追及する態度が、戦後日本国民に課された大きな任務であったはずである。戦後、ＧＨＱの情報教育部で働き、後、ロイター通信社に移ったジャーナリストで現代史家のディビッド・コンデ氏は、例のロッキード事件について、『朝日ジャーナル』（七六年三月五日号）に特別寄稿し、次のように述べている。

「多くの米国人が西独より日本に疑いの目を向けるのは、一九四五年以後の両国の発展の相違である。連合国はニュルンベルグと東京で戦犯裁判を開いた。それは単に清浄化作用の始まりにしかすぎなかった。連合軍による戦犯裁判は日本ではさしたる重要性を持たなかったのだろう。日本では指導者たちはこれで事件は落着したと考えたのに反して、西独では毎年のように非人間的で野蛮な元ナチ党員を戦犯として裁いているのだ。一方無感覚で腐敗した日本では自分自身では誰も裁かず、逆に多くの事例にみられるように自民党議員として国会議員に選出している……。

ドイツ人たちが自分で戦犯を裁いているということは、何が『善か、悪か』、何が『人間的か、非人間的か』についてみずから判断し得るだけの文化水準に達していることを示している。日本も自らの戦犯裁判をすぐ行なうべきである、と私は信ずる。それは外国人のためではなく、世界的道義の場で日本人を教育し、かつ日本人をして自国の政府および裁判所に敬意を抱かせるためである……」

ドイツ人は善悪の判断のできる文化水準に達しているが、日本人はまだそこまで達していないというわけである。外国人からこのような指摘を受けるというのは、はなはだ恥ずかしいかぎりではなかろうか。しかし、口惜しくても、現実はその通りであることを認めないわけにはいかない。特定の個人がどんなに高い文化的水準を持っていても、それが国民的なものとならないかぎり、国民的後進性は克服できないのである。

ヨーロッパでは、一九四五年六月から八月にかけ、連合国法律家代表が参加したロンドン会議で「平和に対する罪」と「人道に反する罪」の法規が国際法上確定され、その結果が国際軍事裁判所条令（一九四五年八月）に結晶、これによりニュルンベルグ裁判がおこなわれ、そして同じ精神で東京裁判がおこなわれた。またこの法規は、一九六六年、第二三回国連総会で、「戦争犯罪および人道に反する罪に対する時効不適用に関する条約」となった。西ドイツの戦犯裁判にはこのような背景がある。しかし、日本は、この条約に署名も批准もしていない。同じ法規にもとづいておこなわれた東京裁判を、日本人は意識的に忘れようとしているように見える。

日本人の「身内意識」は体質的なものであり、身内の悪はあばくのではなく、かばい合うことをもって「淳風美俗」と考えているふしがある。その根底にあるのは、他人の悪をあばけば自分の悪もあばかれる、という恐怖なのかもしれない。互いに悪を隠し合う風習をぬけ出して、自分の悪をあばく勇気こそが、自己変革の第一歩だと言えるのではなかろうか。

日本人の一人一人が、日本を亡国に導いた一連のA級戦犯の戦争指導を正しいと信じて愚かにも受け入れ、あるいは、間違いだと思いながら不甲斐なくもそれに協力した自分自身の過ちをあばき出し、徹底的な自己批判をおこない、その上に、自分にそのような過ちを犯させた戦犯の戦争責任を追及する態度が、まず確立されなければならない。

世間的に「えらい」といわれる連中の言うことをそのまま信用し、それに従った結果が、日本を亡国の淵へ追いやったのである。善良な国民をだまして自分の野望をとげる者はもちろん凶悪な犯人であるが、だまされるわれわれ国民にも、深刻に反省すべき点がありはしないか。だまされ続けた人間がその愚かさを改め、だまされない人間になること、「匹夫もその志を奪うべからず」、「一寸の虫にも五分の魂」という自覚を自分自身に植えつけ、心ならずも権力に屈した不甲斐なさを克服すること、それが一つの人間変革、自己変革にほかならないのである。国民のあいだにそのような気運が盛り上がってくれれば、大物戦犯も悪徳政治家も翼を拡げる余地がなくなるだろうし、天皇もみずから責任を認めざるを得なくなるだろう。

戦犯を温存し、戦犯に国政をゆだねるような国民が、どうして世界の尊敬をかち得ることができるだろうか。アメリカの裁判所が、ベトナム戦争中、ソンミ事件の実行責任者カレー中尉に、「上官の命令に従い、自己の良心に従わなかった罪」により重労働二五年の判決を下したことは、アメリカの良心の一つの表われであるといってよい。もっとも、カレー中尉は命令実行者で、たかだかC級戦犯に相当する人物であり、彼だけが罰せられて、その上級の責任者を放置したことは片手落ちであり、ニクソン大統領が「ベトナム派遣軍の戦意をそぐ」という理由で大統領命令を出し、刑の執行を停止したことに問題はあるが、それでも、日本の指導層には頂門の一針となり得るだろう。「良心にもとる命令には従わない」ことが正しい人間のあり方である。日本には普遍的な「企業ぐるみ」「官庁ぐるみ」の犯罪も、この自覚が徹底すれば減少するにちがいない。

もちろん国民の中にも、戦争中「侵略戦争反対」の態度を貫いて獄中に呻吟し、あるいは、厳しい弾圧の中に命をおとし、あるいは、極度に不自由な生活を強いられた人びとも少なくない。そのような人びとは、日本人の世界に誇るべき存在であり、それらの人びとに戦争責任のあるはずはない。戦後に生まれた日本人についても戦争責任がないという点では、また同様である。

しかし、日本人の犯した戦争犯罪は客観的、歴史的事実である。日本の侵略を受けた被害者から見れば、加害者は特定の日本人A、B、Cではなく、日本人という概念で一般化される。中国や北朝鮮は「日本軍国主義者と日本人民は別である」と区別してくれるが、それは、現実に「軍国主義」とたたかうところの理念としての人民であり、自分自身を厳粛に検討することなく安易に受け入れるべき概念ではあるまい。日本人の犯した歴史的犯罪に対しては、日本人全員がその道義的責任を負うべきものである。そのような自覚を欠く行為が、海外で批判の対象となり、とくに、東南アジア方面でエコノミックアニマルというような代名詞で呼ばれる原因にもなりかねない。それがまた、ドイツ人に比べて文化水準が低いといわれる根源にもなる。

戦後最初の内閣が流した「一億総懺悔《ざんげ》」のスローガンは、「みんなが悪かった。それでお互いに過去のことは御破算にしよう」ということにねらいがあり、戦争責任そのものをうやむやにしてしまった。そして、いつの間にか経済繁栄のかげに、無責任とエゴイズムに代表される精神の荒廃が社会をむしばみ、政界の黒い霧はいよいよ広がり深まり、ついにロッキード事件などへ発展し、その内容が外国の手であばかれ、しかも中心人物がA級戦犯であるという醜態を暴露するまでになってしまった。そこにはアメリカ占領政策の暗黒面がからんでいるとはいえ、それは西ドイツの場合も同じである。西ドイツでは、少なくともみずからの手で戦犯を裁くという国民的自覚が、政治的モラルの低下を食い止める働きをしているのではあるまいか。

戦後三〇年、ここで再び敗戦の原点に立ち帰り、先にも述べたように、国民の一人一人が、戦中、戦後を通じてまず、みずから犯した過ちを謙虚に見つめ、自己の責任を厳しく問い正し、その上でそのような過ちを強制し、あるいは国民をあざむいた指導者の責任を、同じように厳しく追及する。そして、彼等が過ちを認め、それを改めるため真面目な自己批判を具体的実践によって示さない限り、絶対に許さないという態度を確立し、主権者としての自覚を高めていけば、だんだん国民の代表として恥ずかしくない人物が、議会に送られることにもなるだろう。

「互いに責任をまぬがれようとする態度から互いに責任を重んずる生き方へ」、みずからを変革していく過程の中に、「経済的繁栄」を裏づける精神的基盤もおのずから強固になって行くのではなかろうか。

あとがき

人類が集団を作り、社会的秩序の中で生活するようになってから、部族、国家間の闘争＝戦争は絶えずくり返されてきたが、いつも勝者が敗者を一方的に処分した。近代国家が形成されてからは強国間の利害が対立し、外交交渉で解決できない場合、武力に訴え、戦勝国に対する敗戦国の賠償・領土割譲ということで戦争を終結した。そこでは「戦争責任」、「戦争犯罪」ということは特に問題とはならなかったようである。

第一次大戦では、ドイツ皇帝ウイルヘルム二世がただ一人戦争責任を問われ、退位してオランダに亡命、一市民として余生を送ったが、第二次大戦では、勝利した連合国の取り決めで、賠償・領土問題は棚上げされ、「戦争責任」、「戦争犯罪」が厳しく問われるようになった。ただソ連だけが「領土不拡大」の取り決めを破り、今日でも領土拡大に執心しているのは社会主義の理念を傷つける行為のように思われる。

こうしてニュルンベルグと東京でおこなわれたA級戦犯の裁判は、国際軍事裁判所条令という国際法にもとづき、関係各国の代表で構成された法廷で一流の弁護士をつけ、比較的公平におこなわれたが、B・C級戦犯の場合は、犯罪のおこなわれた国の国内法により、しかも、南方では日本軍の捕虜になっていた将校が裁判官に起用されることがあり、きわめて復讐の色濃い裁判となってしまった。

しかし、日本軍によって長期にわたり最大の被害を受けた中国では、「国共」の内戦で、二つの政権で裁判がおこなわれることになったが、「国民政府」の蔣総統は「怨みに報いるに徳を以てする」という寛大な方針を出し、――もっとも南京事件の責任者の一人として第六師団長・谷中将が、南京郊外雨花台で処刑されたのをはじめ、一四九名の死刑があったが――私たちの体験した中華人民共和国の戦犯取り扱いは、毛主席の「罪を憎んで人を憎まず」という国の政策が、国民のあいだに徹底して、それにより凶悪な戦犯がみずから罪を自覚し、真人間に立ち帰るという、世界史に前例のない人間改造の一頁をつけ加えた。この事実は、それを体験した私たち千余名以外の人には、おそらく実感として理解し難いことであろう。

私たちは、許されて帰国して以来、一人でも多くの人びとにその真実を伝えようと努めてきたが、なかでも『三光』に代表される出版が一番有力だと思われた。しかし、『三光』は戦争犯罪の暴露に終始し、罪の自覚の過程、人間改造の実体を欠落している。ただ一つ、中国帰還者連絡会・島村三郎会長の『中国から帰った戦犯』（日中出版）がはじめてその過程を明らかにした。

ところが、島村さんは五一年春、中帰連長野支部の会議に招かれ、その帰途、会員の案内で山菜採取中、足をすべらせて頭部を打撲され、それがもとで一〇月に亡くなった。私たちは惜しい人を失った。会長は生前、まだ書き足りない点、とくに寛大政策についてぜひ書いてくれ、と私に委嘱していた。また島村さんは、「元満州国」の高級官吏であり、軍隊のことはわからないし、その体験自体が特殊である。戦犯としての中国での体験は千人千様であり、私自身、軍隊では兵隊の経験もあるが将校であり、兵士諸君の心情をおしはかるにはおのずから限界がある。戦犯仲間の一人一人が自分の体験をありのまま書き綴れば、その集大成としてはじめて、中国人民の寛大政策の実体が明らかになるのではなかろうか。私の記録がその一つの踏み石になれば幸いである。

なお、この出版については、撫順の管理所を訪ねて下さった東京大学の富永五郎教授に親身の御協力をいただき、編集・発行については水曜社の藤原社長から貴重な援助を受けた。また義兄（妻の兄）をはじめ中帰連の友人と、私の一七年間の留守中、子どもをかかえ苦労を重ねてきた妻が、執筆に当たり、しぶりがちの私を激励し、いろいろ有益な助言をして内容に深味を与えてくれた。ここに謹しんで感謝の意を表したい。

一九七七年七月

著者

解題

中国から帰った戦犯の誓いと歩み

小山　一郎

私も富永正三さんも、敗戦後、ソ連で捕虜として五年間抑留された後、中国へ引き渡された元・日本人戦犯です。私たちは裁判の結果が出るまでの六年間、中国の撫順の管理所で過ごし、そこで中国侵略戦争での自らの罪と責任を見つめ直し、大きく目を開かされました。そして、日本軍国主義の鬼から人間へと生き直す機会を得たのです。

一九五〇年七月、私たち日本人戦犯九六九人は、ソ連から中国へ引き渡されました（このときの九六九人は撫順《ぶじゅん》戦犯管理所へ、また、戦後、国民党軍閥・閻錫山とともに国共内戦を戦った一四〇人は太原《たいげん》戦犯管理所に収容されました）。

中国に着いた当初、廊下の壁に貼ってあった「撫順戦犯管理所服務規定」の「戦犯」という文字に、私たちはとても動揺しました。当時、すでに世界各地で日本人戦犯を裁く裁判が進んでいました。私たちが捕虜ではなく戦犯ということであれば、裁判にかけられ、重ければ死刑もありえます。「私たちは軍事捕虜であって、断じて戦犯ではない、命令によって戦争をしていたのだから、私たちに責任はない」と当時、私たちは猛烈に反発しました。代表して抗議を申し入れた藤田中将に対して、所長はこう断言されました。

「あなたがたはまちがいなく戦犯です。なぜなら、中国で、たくさんの人を殺し、ものを奪い、家を焼くなど、人道と国際法に反することをやってきたのですから。しかし、今はまだ自分が戦犯だと意識できないのなら、それがこれからの生活に支障をきたしてはいけない」

じきに「戦犯」という文字は消え、「所内服務規程」に変わりました。これを見て私たちは、「ほら見ろ、やっぱり俺達の言ったとおりだ。俺達は戦犯じゃないんだ」と勝ち誇りました。

私たちは、中国人に対してまだ戦争のときと同じような認識でいましたが、管理所では私たちを人間として扱ってくれました。ソ連での労働は厳しく、食べ物や衣服などの配給はわずか、いつも腹ペコでしたが、中国では、毎食白米でおかずもたっぷりもらえます。入浴、散髪も定期的に用意してくれ、毎日看護師さんが各部屋を見回り、体の異常を訴えれば、医務室で診察を受けることもできます。

しかし、私たちは疑っていました。朝鮮戦争が起きて、韓国軍と米軍が、私たちのいる撫順近くの鴨緑江まで迫ってきたので哈爾濱《ハルビン》に移動することになったとき、私たちは、捕虜千人を連れ歩くなんて面倒くさいことをするはずがない、きっと途中で始末されてしまうに違いない、と日本軍がかつて中国人に対してやったことを思い浮かべて、道すがら殺されてしまうにちがいないと考えていました。また、毎日の十分な食事に対しても、最初はたっぷり食べさせてこちらを安心させておいてから、あとでばっさりやるつもりなんじゃないかと疑って、今のうちに食いだめしておこうと、炊事係に食事をすませてから各々の飯ごうにご飯やおかずをつめて隠しておきました。あるとき日本語のわかる朝鮮族の指導員の人が私たちの部屋へ来て言いました。

「みなさんよく食べますね。ソ連で飢えた思いをされたから、余計にご飯を見ると食べたくなるんでしょう。しかし、みなさんはご飯を飯ごうに隠していますね。そんなことをしても夏になったら腐ってしまいますよ。私たちは決してあなたたちを飢えさせません。もし足りなければいくらでも追い炊きしますから、どうか隠したりしないでください。炊事係が一生懸命に作ったご飯を無駄にしないでください」

これにはお恥ずかしい限りで、一言もありませんでした。

また、こういうこともありました。収容所に入って以来、何もすることがなく退屈でしょうがないので、二、三カ月過ぎたころから遊び道具を作り始めたんです。散歩に出たときに泥をもちかえって隠しておいて、ご飯と混ぜて練ったものを窓のそばに並べて乾かして固める。それに紙を貼ってマージャンなんかの駒にして遊んでいたのですが、この駒作りがほかの部屋にも伝わって、収容所全体で流行りました。それを見た指導員の人たちが、それはどうやって作ったのか、と尋ねました。嘘をつくわけにもいかず正直に話すと、指導員の人は言われました。「日本人は長い習慣から白米を食べたいだろうと、中国人民はコーリャンを食べているときに、あなたたち日本人には白米を食べさせている。その尊いお米を泥と混ぜて遊び道具にするなんて、ご飯を作ってくれている人たちに対して申し訳ないと思わないのですか。必要とあらば、本物のマージャンでも碁石でも差し入れましょう。食べ物を遊び道具にするとは人間として恥ずかしい。労働に対する感謝の気持ちに欠けています」

これには師団長以下、ただただ申し訳ないと頭を下げるばかりでした。もし、これがかつての日本軍なら、引きずり出して「とんでもねえ野郎だ」と大声でどなり、ぶん殴るところです。

このようにして、中国の指導員の方たちは、生活の中で、人間としての心の持ちよう、ものに対する、労働に対する感謝の気持ちを丁寧に教えてくれました。決して、どなりつけたり、手を上げたりすることはありませんでした。かつて日本軍がおこなった中国人に対する態度とは雲泥の差です。私たちも、中国の人から人間的な扱いをされていることは、身に染みてわかってきました。そのような中で中国に対する不信感は薄れていきました。

管理所には二〇〇人ほどの職員がいましたが、彼らのほとんどが、自分たちの親兄弟、親戚を日本軍に殺されています。あとで知ったことですが、職員の人たちが転職を申し出てストライキを起こしたこともあったそうです。これに対して周恩来首相は、「日本兵の多くは庶民階級の出身で、召集されて戦場に来たのであって、みずから好んで中国に来たのではない、道理をもって話せばわからない人間ではない」と諭されたと聞きました。

事件も起きました。職員の一人が突然、戦犯に向かって飛びかかったのです。他の職員にすぐに引き離され、そのときには何なのかよく分かりませんでしたが、彼は自分の姉を強姦した上に殺した日本兵を戦犯の中に見つけたのでした。

しかし、多くの職員の人たちは、私たちの目覚めを我がことのように喜んでくれました。スポーツといえば野球しか知らなかった戦犯たちに、バレーボールやバスケットボールをルールから教えてくれ、一緒にやってくれました。勝てばともに喜び、負ければともに悔しがる。人間的な交流、これが私たち戦犯の目覚めに大きく影響したと私は思います。

哈爾濱《ハルビン》から再び撫順に戻ってきた頃から、私たちの中にある中国への認識が変化しはじめました。中国について知りたい、勉強しようという空気が高まりました。何よりずっと活字から離れていたので、とにかくなんでもいいから活字に触れたかった。日本語で書かれたものは、共産党員が残していった『資本論』くらいしか残っていなかったのですが、それでもいいからと頼み、しかも一組しかない本を、三〇くらいに分かれていた部屋ごとで、数ページずつにばらして引き写していって、各部屋に一組ずつ揃うようにしたものです。そして、それらをもとに各部屋で大学出身者を講師にして学習を始めました。でもこの講師もいいかげんなもので、「〝鰯の頭も信心から〟ってみなさん知っていますか。これがいわゆる唯心論のことなんですよ」なんていって、なんだいそりゃ、って感じで始まったんですけどね。それでも久しぶりに活字に触れることができたのはうれしかった。

中国側からも日本語の文献を渡してくれるようになって、それらを読んでいくうちに「目からうろこ」というのはこのことだと思いましたね。私たちは日本のことしか知らなかったけれど、世界には社会主義なり共産主義なりいろいろな社会体制があることがわかってきたんです。そういうふうに学習を進めていて、自主的な学習委員会を四年目頃からはじめるようになりました。学習委員会には、学習部、文化部、生活部、体育部、創作部の五つの部を作りました。

中国の管理所の職員の方たちの人間的な対応と交流、学習、そして、あの戦争はなんだったのかという反省に基づく「認罪」運動が始まったんです。

最初は、私たちが自主的に学習委員会をつくって「創作活動」をするところから始まりました。創作とは、戦争中に自分が行なった出来事を文章にして書くことで、自分を客観的に見るのが目的です。富永さんはその創作部、私は学習部長でした。戦犯には文章をうまくかけない人もいるし、なかには字が書けず、字を覚えながら書いた人もいたんです。富永さんは創作部で、そういう人たちの作品を添削したり、補助したり、よい作品があればガリ版刷りでまとめる仕事をしました。この時の創作活動での作品を、カッパブックスの社長が『三光』として一九五七年に出版したんです。創作を書いたのは、実際は三〇〇人くらいでした。

同じ頃、中央から七〇〇人もの検察官が管理所へきて、戦犯と一対一で行なう罪行調査が始まりました。ここでは創作ではなく供述書を書くことになります。供述書は裁判の資料になるものですから、何年にどこでどんな作戦で何をしたと正確に書かなければならない。でも、どこまで書けばいいのか、保身の気持ちがありますから最初は悩みました。そんな頃、宮崎大尉の告白があったんです。

彼は柔道の有段者で、一度、柔道の技で人間が死ぬかどうか試してみたいという欲望があった。それで、あるとき中国人に柔道の技をかけ死ぬまで締め上げてしまったんです。そういうことを含めた中国でのあらゆる罪行を三〇分か四〇分かけて、戦犯と管理所職員の前で話したのです。最後は声をふりしぼるように、絶叫するようになって話しました。涙と汗でくしゃくしゃになりながら、最後に「私は人間の皮をかぶった鬼でした。いかなる処罰も甘んじて受けます」といって終わった。この講演には衝撃を受けました。私だけでなく、これを聴いた多くの戦犯たちも覚悟をきめました。

供述書は、私も何度も書き直しました。いつどこでどういう作戦で何をしました、とまでは書けるんです。でも、指導員の方から「もう一度よく考えてみなさい」と返される。どこをどうしろとは言わないんです。悩み悩み、最後はすべて吐き出すようにして書く。つまり、告白だけではだめなんです。自分の行なった行為がどれほど許しがたい罪であるのか、命令だったとはいえ実行者としての自分の責任は当然果たさなければならない、だから、いかなる処罰も甘んじて受け止めます、と書いたときに、「よろしい」と言われたんです。

告白と自分の行為に対する認識と反省の気持ち、そこに自分の力で到達することが必要でした。最後の供述書を提出したとき、私は指導員の方から「おめでとう」と言われました。「これであなたは日本軍国主義の思想から解放されたんです。自分のしたことを隠して、無反省でいるあいだは、まだあなたに軍国主義の思想が残っているということです。しかし、洗いざらい出して申し訳なかったという気持ちに到達したということは、あなたが軍国主義の思想から解放されて、普通の人間の気持ちに立ち返ったということなのです。だから、私はおめでとうと言ったんだよ」と言われたんです。中国での裁判は、処罰ではなく、戦争を遂行した鬼を平和な人間に立ち返らせることを目的としていたのです。

一九五六年六月から八月にかけて行なわれた裁判では、一〇二七人が起訴免除・即日釈放となりました。実刑判決を受けたのは四五人で、死刑、無期刑はなく、しかもソ連と中国での抑留期間を差し引かれたので、実際の刑期は二年から九年と軽いものでした。

起訴免除となった者から日本へ帰国しました。私たちは、中国で得た「認罪」精神を胸に、日中友好と反戦・平和を掲げ、日本を再び軍国主義の国にしないために、互いに助けあいながらこれからの後半生を生きていこうと、中国を発つ前と船中で話し合い、「中国帰還者連絡会」を発足したのです。富永正三さんも私も、本部の役員を長く務めました。特に富永さんは、二〇〇二年に中帰連解散時の会長でした。

帰国後私たちは日本各地にばらばらになりましたが、連絡を取り合いながら、二〇〇二年に解散するまで、中国での加害行為をはじめとする体験の記録の出版や教育資材としてのスライド制作、証言活動、謝罪碑の建立、日中交流活動など、日中友好と反戦・平和のための活動をつづけてきました。

加害の証言といっても、初年兵の刺突訓練から強制連行のための労工狩り、細菌作戦、捕虜人体実験、強姦、略奪、焼き討ち、一口に戦争といっても実にさまざまな実態がありますから、簡単に話しつくせるものではありません。近いところでは、二〇〇〇年の女性国際戦犯法廷で、鈴木良雄君と、金子安次君が、元日本兵として従軍「慰安婦」に関する証言をしましたが、本当に偉かったと思います。法廷での証言の前、金子君は奥さんから「なんで今さら恥さらしのようなことを」と言われたのに、「加害の実態を伝えなければ、戦争の真実は伝わらない」と言ったというのですが、本当にそうです。

しかし、加害の話をする人はあまりいません。人を殺したとか、略奪したとか家を焼き払ったなんて人に自慢できることではありませんから。だから、私たちだって今でも話すのは苦しいです。加害のことは話すほうも聞くほうもきつい。でもなぜ中帰連は加害を証言し続けるかといえば、被害者の立場に立ってものを見ることを学んだからです。

中国にいたとき、戦争中の自分の姿を鏡に映してみた場合に、あなたはどのように映っているだろうか、客観的に中国人民から見たら、あなたの姿は何に見えるでしょう、と指導員の方から質問されたことがあります。主観的には、お国のためにやったことだ、どこが悪いんだと、何の罪も感じていませんでした。けれど客観的に見れば、戦争中の私たちはやはり、侵略者であり、鬼だったんです。相手の立場、つまり被害者の立場に立って見たときに初めて、自分では正しかったと思っていたけれどもそうじゃないんだ、これは許されないことだというのがわかってきました。

人間関係でも一般的にそうだと思います。相手の立場に立って問題を見たときに初めて話し合いができ、融和ができる。国家間でもそうです。自国の国益だけを主張し続けると戦争になってしまう。被害だけでなく、加害を語れるかどうかは、私たちが他人と、他の国の人たちと、どのような関係をもちたいのかということにつながっていきます。

しかし残念ながら、中帰連は一九六六年から一九八四年までの間、二つに分裂していました。

この原因については、会員それぞれで意見が違うところもあるかもしれません。いくつかの要素が絡んでいますが、大きくは、当時、中国で始まっていた「文化大革命」の評価をめぐって意見が割れたのです。また、中帰連は当時、運動体としてまだ経験もなく、多くの会員たちは日本での生活再建に忙しかったこともあり、中帰連は発足時から、日中友好協会の力を借りていました。事務所も日中友好協会の一角を間借りしていましたし、会員のほとんどが、日中友好協会の会員になっていました。その日中友好協会が分裂してしまったので、中帰連もどちらにつくのか、態度決定を迫られたのです。当時はよく「バスに乗り遅れるな」というスローガンが聞かれました。

私は、どちらにつくかと聞かれてもよくわかりませんでした。そもそも文化大革命についても、どのような運動なのか、当時はよくわからなかった。そのときに富永さんがこう言われたんです。「山登りしているときに、霧がでてきて、どちらに行けばいいのかわからなくなった。うかつに動くと遭難してしまう。霧が晴れるまでお互いに手をつないでじっと待っていよう。やがて霧は晴れるだろう」。それで、私も、そうだ何も慌てることはない、様子を見ようと考えたんです。でも、そうした態度は、分裂した片方の側（中帰連「正統」）からは、「反中国派」と見られ、分裂の間は、私たちの側は中国と交流をもつことはできませんでした。

今から思えば、「正統」の人たちは、自分たちは中国によって人間として救われた、だから、その中国について行くのが正しいという思いが強かったのだと思います。私たちも中国への感謝の気持ちは彼らと変わりありませんでしたが、ただ、理解できないことには付和雷同できないという思いが強かったのです。というのも、私たちは中国で出会った管理所の職員の人たち、指導員の人たちから、ものの道理にもとづいて動くことを学んだからです。

文革は中国の問題で、これをどのように解決するかは中国人民の問題。私たちは日本人であり、かつてアジアで侵略戦争をした責任者として、日本の民主化と日本を平和国家にする活動を進めていこうと、分裂の間は、証言活動を中心に運動しました。分裂時の当初は、会長は空席のままにしていました。その後、島村三郎さんに会長に就いてもらいました。島村さんは自身の体験を『中国から帰った戦犯』という本にまとめ、出版されました。島村さん、杉原さんが亡くなられた後、一九八三年からは富永さんが会長に就任されました。

分裂の間、私が参加した証言活動では、一九八一年広島での「戦争体験を聞く集い」が印象深く残っています。広島支部の鉄村君の自作スライド「中国で日本は何をしたか」を上映しながら日中戦争の実態を説明し、私と広島の仲間がそれぞれに参加した白楊寺事件や捕虜の刺殺訓練のことなど、戦場で人から鬼となった体験を話しました。

広島は原爆を投下された地ですから被害の話が中心になりがちですが、戦時中、大本営を広島に移して戦闘の指令を出そうという計画もあったし、広島の隣の呉には日本有数の軍港がありました。ですから広島であっても加害の問題は避けて通れない。高校生から老人まで、みんな真剣に聞いてくれました。

一九八一年に中国でも「歴史決議」が出て、文革について中国国内でも評価が定まりはじめた一九八三年ころから、中帰連の統一の話が持ち上がり、一九八六年に正式に、「統一第一回全国大会」を持ちました。私たちの背中を大きく押してくれたのは、中国の管理所の元指導員の方たちでした。管理所の先生たちを日本に招待するという計画の際に、先生たちから「中帰連が二つに分かれているあいだは日本へはいけない、どうか元に戻ってほしい」といわれたことが、統一への動きを加速させました。統一後、私も含めて分裂時の責任者は役員からおりて、会長には富永さんに就いてもらいました。二年に一度総会を開き、月に一度、会報「前へ前へ」を出しました。

統一してからは本当の意味で中帰連の力が発揮されていきました。分裂しているときは、やはり力半分でした。分裂時の教訓を生かして、統一後は、どこかの組織に頼るのではなく、自主独立の運動を進めようと方針をとってきました。これまで以上に、出版活動、証言・講演活動をより精力的に進めました。金鵄勲章の復活の動きや「日の丸・君が代」の法制化など、軍国主義的なものの復活や侵略戦争を美化する動きがあれば、抗議文を首相官邸へ渡しにいったりしました。

一九八八年には、復元され展覧館として公開された撫順戦犯管理所の敷地内に、『三光』等の証言出版物の印税と一般の方からのカンパで、謝罪碑を建てることができました。

九〇年代に入ると、強制連行や従軍「慰安婦」など、日本軍による中国や韓国の被害者による戦後補償裁判がいくつも起きて、中帰連のメンバーもそうした集会に呼ばれて証言する機会も増えました。また、漫画家の小林よしのりや「新しい歴史教科書をつくる会」が、日本の加害の歴史を「自虐史観」だなどといって侵略戦争の実相を歪曲する動きが激しくなってきたので、これに対抗すべく一九九七年六月からは『季刊中帰連』を発行しました。創刊号の特集は「中国で日本は何をしたか」。富永さんは雑誌『正論』に、私たちの加害証言を否定する田辺敏雄氏と藤岡信勝氏への反論を書きましたが、創刊号にはその富永さんの論文も再録されています。

戦争は辛く悲しいものでしたから、忘れたい。だから忘れる人も多い。でも私たちは忘れられなかった。それは責任感からです。撫順戦犯管理所で、時間をかけて勉強しなおして戦争を見直し、反省した。他人に言われてわかったのではなく、自分の頭で中国人民の立場に立って考えて、あの戦争は悪い戦争だった、やるべきではないことをした、人道上許すことのできないことを平然とやる鬼の心になっていたことがわかったわけです。あの六年間で、ものの道理、人間の生き方から学習し、生活のなかで、しかも自分が死刑になるかもしれないという取調べの中で、自分を追い詰めて見直した。そういった特殊な経験があるから忘れられないし、忘れてはいけないことだと思うようになった。

帰国後、「中国帰り」「アカ」だとか言われ就職できず、生活が苦しい仲間もいました。なので、日本政府に、ソ連抑留と中国での戦犯としての拘留に対する補償を要求しようという声も上がり、中帰連として取り組もうとしたこともありましたが、やはり私たちは戦犯だったのだし、A級戦犯との違いを示して国民の支持を得ることはできないだろうと思いとどめました。

帰国後、私も出征前の会社に一度は戻りましたが、いづらくなって辞めて、家業の畳屋を継ぎました。一から職人の勉強をしました。富永さんも職に就けなくて苦労されていました。一時期ニコヨンもされて、その後、教師の職にようやく就けた。自分たちの生活もままならないのに、それでも私たちが、日中友好・反戦平和の旗を降ろさなかったのは、決して中国からの強制によって洗脳されたり、中国のご機嫌を伺うためにいい加減に反省したふりをしたわけではないからです。一人一人が考えた結果だからです。

文革のとき、日本人戦犯への対応が甘すぎたと、管理所の指導員の先生たちもつるし上げにあいました。しかし私たちが日本に帰った後四〇年、五〇年と変わらずに日中友好・反戦平和の旗を降ろさずきたことが中国に伝わって、管理所の先生たちは名誉回復できたのだと、後に言われました。

戦争を止められなかったのか、と若い人から質問されることもあります。私は、一九二〇年東京・麹町に生まれ、尋常小学校を出て、すぐに就職。鉄工所に勤めていた一九四〇年、満二十歳のとき徴兵検査で第一乙種合格。中国山東省へ送られ、第五十九師団に配属。敗戦までの五年間、日本軍の一員として中国で「労工狩り（強制連行）」など数々の作戦討伐に従事しました。

当時は、天皇制軍国主義。軍隊に入れば、天皇が一番上の、圧倒的な階級社会。軍隊では自主性は存在しません。すべて上官からの命令のみで動き、命令に反することはできません。機械的な非人間的な制度のなかでがっちりと締めつけられ、人間性は失われます。最初は辛いけれど、一年も経てば下の者が入ってきて、今度は自分がいじめる番になる。すべては、お国のため、家族、家郷を守るため、とそこにまったく疑問の余地はないし、国家の政策には国民は黙って従わざるを得ない、というのが多くの考えでした。国民は政治に関してはお上まかせで、自らの判断で何が正しいか、どうすべきかと意見を言う機会もなく、政府を批判することはできませんでした。だから、若い人たちには、お上任せでなく、自分の頭で考え、判断する目をもってほしいのです。

自分で判断する時のものさしは何でしょう、とも若い人から聞かれますが、私は、判断の基準は「平和」と答えています。この政策は平和につながるのか、戦争に結びつく政策なのかを見る。たとえば、税金にしても、税金が増えることは戦争と関係ないのかどうか。増えた税金が国民生活に使われるのか、平和のためか、戦争のためか、を見ていけば、判断がつきます。すべてとは言わないけれど、政策を見ていく際の一つの尺度として「平和」につながるかどうか、ということが挙げられるでしょう。

一九五六年に日本に帰ってきた時、船が着いた舞鶴港に「自衛官募集」という看板が出ていました。しかも、旧軍人は二階級特進で迎えるという誘い文句まである。日本は朝鮮戦争後の経済復興が始まりつつある時代でした。帰ってからすぐ、ある雑誌の企画で、二・二六事件の黒幕だった荒木貞夫大将と、私たち中国帰りとで対談する機会がありました。荒木大将はA級戦犯として終身刑を受けたのですが、私たちが中国から帰国する前年の一九五五年に仮釈放されています。私を含めて三人ほどで荒木大将の自宅へ出かけました。あちらは陸軍大将ですから、私たちからすれば雲の上の人です。「ご心配かけましたが、中国の寛大政策のおかげで起訴免除されようやく帰ってまいりました」というと、「いや、それはご苦労であった」というような具合です。私たちは「侵略戦争」という言葉は使わなかったかもしれないが、あの戦争は間違っていた、反省していると伝えると、「いやあ、あの戦争は負け戦をしたからいかんのじゃよ。あれは失敗だった」と荒木大将は言われました。つまり勝ってさえいれば問題ないということです。それを聞いて、荒木大将は戦争から何も教訓を得ていないと思いました。

戦後六〇年以上も経ち、未だに戦争の被害者とのあいだで未解決の問題が残っています。これまで積極的に進めてこなかったから、感情がしこりとなってしまっています。日本は、中国で人を殺し、家を焼き、物を奪う、そんなことをしておきながら、正式に国家としての謝罪をしない。日中国交回復の際に、田中角栄首相が言ったのは「大変ご迷惑をおかけしました」ということだけでした。一九九五年の「村山談話」は国家としての正式な文書ではありません。要するに責任逃れの発想です。荒木大将の、「戦争に負けたからいかんのじゃ」というのと同じことで、戦争に勝ったか負けたかの問題としか考えない。何も教訓を得ようとしない。そういう態度でずっときているから、未だに問題が残っているのです。

本書『あるB・C級戦犯の戦後史』には、戦争責任とは何か、責任はどこにあるのか、について鋭い筆致で書かれています。命令とはいえ、自分の行ないに対しては自らの責任を認める、しかし同時に、「上官の命は朕の命と心得よ」といわれたように、命令発令の頂点にいる天皇の責任を追及し切れなかったこと、それによって現代までつづく問題の根を残してしまったこと、そういうことに対して、富永さんは非常に怒りを込めて書かれています。

忘れてしまったと口をつぐんだ人たちがいるのもある意味当然です。私たち中帰連は、撫順で六年間特別の経験をしました。日本全体がそういう意識だったのですから。命令実行者としての自らの責任を見つめ、だからこそ、二度と同じことが繰り返されないように、反戦・平和活動をする、その実践によって「認罪」は証明されていくのだと思います。

私たちは、日本軍の一員として侵略戦争に参加し、鬼となって、人間として恥ずべき罪行を犯しました。それが中国の戦犯管理所で、鬼から人間へと目覚めさせてもらい、生きて日本に帰ってくることができました。戦争の生き残りの責任として、最後まで自分の体験を伝え続けていきます。（談：二〇〇九年一〇月、東京都北区のご自宅にて）

（元・中国帰還者連絡会　本部常任委員）

※中帰連（中国帰還者連絡会）に関しては、『完全版・三光』（晩聲社）、『私たちは中国で何をしたか』（三一書房）、『帰ってきた戦犯たちの後半生——中国帰還者連絡会の40年』（新風書房）、季刊『中帰連』等をご参照ください。

侵略兵士たちの体験と思いを語り継ぐ

矢崎　光晴

一九八〇年に始まった東京の「平和のための戦争展」は、一〇回目の開催を終えた一九八九年に大きな壁にぶち当たった。それまで、展示パネルの制作、新聞社・テレビ局への取材要請、会場での戦争体験の証言など、その活動を一身に背負って奮闘してきた戦争体験者から、「一定の役割は果たした。幕を閉めよう」とのやむにやまれぬ声が発せられたのである。それまでの一〇年間、戦争展の活動は戦争体験をもつ世代が担い手となってきた。しかし、夏の猛暑の中での活動ゆえに、高齢となった戦争体験者の身体は深刻な悲鳴を発していた。にもかかわらず、その役割を次の世代が引き継ぐには至っておらず、この体験者に過度な負担を強いる状況の改善なくして戦争展の継続は果たせない事態となっていたのである。

戦争体験者の手記を集めた「戦争体験文集」など、戦争を知らない戦後世代に戦争の実態を語り伝える活動は、一九七〇年代の後半に「目で見る戦争」展の開催へと発展し、「平和のための戦争展」活動として、全国に広がっていった。

広島・長崎の原爆や全国各地の空襲被害などを中心にする展示が多いなかで、東京の「戦争展」

は、日本の侵略戦争、とくに中国における加害の問題を展示の中心にしていることが高く評価されてきた。中国帰還者連絡会（中帰連）の人たちは各地の「戦争展」で主に証言者として大きな役割を果たしていたが、なかでも中帰連の会長であった富永正三さんは、東京の「戦争展」においての理論的、精神的な支柱であった。

私の父・新二も中帰連の一員だった。父は二一歳で召集を受け、中国の戦線で主に中国の人々を強制連行する部隊にいた。日本の敗戦後に、シベリアに五年間抑留され、その後、富永さんと同様に、六年にわたる中国の撫順戦犯管理所での収容生活のなかで、鬼から人間へと立ち返る時間を与えられた。

この父の勧めがあり、私は大学在学中の一九八〇年の第一回目から「戦争展」活動に参加した。そしてこの活動の中で、私が富永さんから受けた影響には、実に大きなものがあり、この影響を私だけではない多くの戦後世代に広げたいとの思いは強かった。「幕を閉めよう」との声に対し、世代交代の実現で、高齢となった体験者の負担を軽減し、なんとしても「戦争展」の開催を続けたいとの思いを訴え、「新たな若い世代を担い手にすることができるならば」との条件付きでの継続が決まった。そして、前年の「戦争展」に足を運び、アンケートに応えた一〇代から三〇代の人々に呼びかけ、戦後世代が作る「戦争展」として、一九九〇年に再出発を果たしたのである。

この再出発にあたっても、富永さんの存在は大きかった。富永さんの体験を聞きながらの展示作り、実行委員会の会議のなかでの発言、そして会場での数度にわたる証言の際には、会場要員として立ち働いている若い人たちを、証言会場におよび、富永さんら元兵士たちの証言に耳を傾けてもらった。この積み重ねが、その後の「戦争展」活動を担う若い世代を育てていった。

しかし、中帰連の会員のすべてが、富永さんのように証言活動を続けることができたわけではない。本書で富永さんが明らかにしているように、日本に帰国した中帰連の人々の多くが、就職もままならない状況におかれていた。また「中共（中国共産党）に洗脳された」とのレッテルを貼られ、戦争反省のない保守的な社会の中で、自らの体験を覆い隠さなければ、自分だけでなく家族の生活にも支障をきたす立場に追い込まれた人も多い。幸い私の父は、出征前に勤めていた証券会社に戻ることができ、富永さんは、数年の苦労の後に私立高校の教諭として生活は安定し、証言活動に携わることができた。人数を数えたわけではないが、さまざまな外因から、証言活動ができなかった人が多数なのではないだろうか。

帰国後のそれぞれの生活環境によって、証言活動に違いが生じただけでなく、それぞれの加害体験のとらえ方や「反省」の度合いも、中帰連の会員だからといって一様ではなかった。中国の戦犯管理所での人道的な対応やさまざまな学習がありながらも、「助かりたい」との一心で、自身が犯した加害行為を隠し続けたまま日本へ帰国した人もいたし、聞く側が「自慢話」と受け取らざるをえないような証言をする人もいた。

これらの問題点は、中帰連にとって大きなマイナスと考える人が多いかもしれないが、私は決してそうは思わない。生い立ち、性格、価値観、加害行為の内実など、皆が一様であるわけはなく、体験のとらえ方、教訓の生かし方も千差万別といって良いだろう。そして、この個々の違いこそが、「洗脳」という偏見に満ちた批判に対する反証であると思うのである。

いまひとつ、戦争での加害行為を証言する中帰連の会員への、「洗脳」という批判に対し、反証として指摘しておきたい点がある。中国の文化大革命時の、中帰連会員の各人の対応についてである。一九六六年の文化大革命（文革）に端を発する中国側の大国主義的な干渉によって、中帰連も組織を二分された。このとき、中国側の武力闘争至上主義や文革の支持強要を拒否した人々は、中国側から一方的に関係を断たれてしまう。富永さんをはじめ文革を支持しなかった中帰連の人々は、中国との関係が閉ざされ、「我々は一体何をすべきなのか」を自問自答し、証言活動に存在意義を見出していった。以後、中国との交流が閉ざされるばかりか、「相手のない日中友好」などといった中傷を受けながらも、反戦平和と日中友好のために力を注いだ歴史がある。

もし、戦犯管理所での「認罪」学習が「洗脳」であったならば、文革という中国の大きな過ちを過ちとして見ることはできず、中国側の主張に盲目的に従うことになっていただろう。それはつまりは、追従の対象が「天皇」から「毛沢東」に代わったにすぎず、「盲従」という普遍的な過ちには背を向けたまま、ということになる。

戦犯管理所の元職員のなかにも、文革による迫害を受けた人たちがいる。想像を絶する迫害のもとで苦しむ中国の人びとに思いを至らせ、中国に対する恩義の気持ちを抱きながらも、理不尽な干渉と闘い、日中両国民の真の友誼を守り続けた富永さんたちの存在に、私は中帰連の精神の真髄を見出すのである。

私はひそかに、「東の富永正三、西の佐藤栄作」と呼んでいた。元首相と同姓同名の佐藤栄作さんも中帰連の一員であり、大阪の堺を中心に、戦後世代の青年たちとともに活動していた。佐藤さんは、プロレタリア文学運動にかかわりながら、侵略戦争に加担してしまった自らの責任を問い続け、「人間らしく生きたい」との思いを、青年たちに語り続けた。私も何度か、佐藤さんと大阪の青年たちが企画した会に参加し、話し合いに加わった。年齢差を越えた真剣な話し合いのなかで、佐藤さんは繰り返し、「平和でなければ人間らしく生きることはできない」「本当の平和とは何だろうか」と問い続けた。この佐藤さんの思いからも、私は大きな影響を受けた。

富永さんと佐藤さんに共通するのは、自らの責任に真剣に向き合い、加害体験をとおして、人間の生き方を問う、その姿勢にあったと思う。富永さんは証言の中で次のような話をすることがあった。

「東京大学で体験談を話した時に、一人の学生が『なぜ戦争に反対できなかったのか』と質問しました。私は、『もしあなたが、公害企業に勤めていたとして、あなたには養うべき家族がいる、それでも、首になるのを覚悟で、公害を止めるために上司の命令に逆らうことはできますか？』と問うたところ、その学生は黙ってしまいました」

戦後に生まれた学生は、戦争責任を問われない立場から質問をしたにもかかわらず、思いがけず、普遍的な責任を問われ、沈黙せざるを得なかったのだろう。

佐藤栄作さんが、「今の日本は平和と言えるだろうか」「私たちの生活は平和と言えるだろうか」

と青年たちに問い続けたように、この富永さんの学生に対する問いかけは、戦後と言われる時代の、日常に存在する加害の問題を問い、戦争と平和は隔絶したものではなく、垣根のない延長線上に存在していることを指摘し、平和と言われる現在の生活の中での戦争につながる芽を摘み取ることの大切さを強調するものであったと言える。

敗戦直後、内閣総理大臣に任命された東久邇稔彦は、施政方針演説で次のように発言した。

「敗戦の因《よ》って来る所は固《もと》より一にして止まりませぬ、前線も銃後も、軍も官も民も総て、国民悉《ことごと》く静かに反省する所がなければなりませぬ、我々は今こそ総懺悔《ざんげ》し、神の御前に一切の邪心を洗い浄め、過去を以て将来の誡めとなし、心を新たにして、戦いの日にも増したる挙国一家、相援け相携えて各々其の本分に最善を竭《つく》し、来るべき苦難の途を踏み越えて、帝国将来の進運を開くべきであります」

敗戦に至ったことを、国民すべてが等しく反省すべしと説くこの発言には、アジア諸国民に対する謝罪の意はなく、「挙国一家」「帝国将来の進運」などの言葉からは、「大日本帝国」が推し進めた侵略戦争に対する反省という観点はなかったと言わざるを得ない。中国の戦犯管理所に収監された日本兵の多くも、当初は同様の認識だった。

元特務機関員で戦犯に問われた永富浩喜さんは、「悪いことをしたなんて全く思っていませんでした。自分は日本のために素晴らしいことをしたと考えていたし、他の人の罪行まで自分のものにしたかったくらいでした」と当時を振り返っている。

富永さんも、本書で明らかにしているように、管理所側から「認罪」を求められ、書けずに苦しんでいる仲間を横目に、自身が犯した加害行為を短時間で書き上げて提出した。しかし、反省のない姿勢を厳しく叱責され、一カ月以上に及ぶ地下牢での認罪学習を余儀なくされる。そして、かつては日本軍が抗日の戦士を閉じ込めていた地下牢の壁面に、血で刻まれた「打倒日本帝国主義」などの文字や、地下牢での生活がたたって患うことになった腰椎カリエスの激しい痛みを通して、初めて殺される側の心情に思い当たるのである。そして、「直接手を下したものとして、まず責任をとる。その上で、命令を下した上官の責任、そして、その頂点に立つ者の責任を追及していくべきである」との認識に達していった。

多くの日本兵は、戦争中の認識を改める機会を得ないままに、戦後の生活を始めている。罪の呵責にさいなまれた人も数多くいただろう。慙愧や後悔の念を抱いていたとしても、その残虐さゆえに、加害行為を口外することが憚られたことは容易に推測できる。一方で、重視しなければならないのは、加害体験を多くの日本兵が「忘れている」との指摘である。

元軍医の湯浅謙さんは、中国人捕虜の生体解剖を数回にわたって行なっている。湯浅さんは、初めての生体解剖こそ詳細に覚えているものの、全ての生体解剖を覚えているわけではない。昨日の夕食の内容は覚えていても、一週間前の夕食は覚えていないように、毎日のようにくり返される日常行為は、記憶には残らないのである。湯浅さんは、戦場で毎日のようにくり返された加害行為を「忘れている」兵隊がほとんどだと指摘する。自分も、戦犯管理所で自らが犯した行為を振り返る機会を与えられていなければ、ほかの兵隊たちと同じように、罪の意識を抱くことなく「忘れていた」だろうと証言している。

加害体験が語られることは少ない。しかしそれは、加害行為は少なかった、一部の特別な事例だったということではない。加害体験が語られることが、なぜ少なかったのか。加害体験の証言を妨げてきたものは何か。今一度、日本社会の問題点を問いなおさなければならないと思う。

田母神俊雄元自衛隊航空幕僚長は、全国を講演してまわり、「日本が中国に侵略したというが、イギリスに要請され合法的に中国に軍を派遣したのだ。南京大虐殺は誰も見た者がない、だからウソである。慰安婦問題、強制連行、すべて無かった。日本が侵略したというのは、戦後、作られた話だ」などと発言している。しかし、この田母神元空幕長をはじめとした、侵略戦争を正当化する言論が、戦争体験のない戦後世代に影響を及ぼす一方で、戦後世代は、戦争体験を知ることによって歴史の事実に誠実に向き合うようになることが、元日本兵たちの加害証言をまとめた証言ビデオ三部作とＤＶＤ『泥にまみれた靴で』（日本中国友好協会制作）を活用している学校現場からの報告でも明らかにされている。神戸女学院大学の石川康宏教授からは、以下のような経験が寄せられた。

「学生たちの直接の反応は、『沈黙する』というものです。映像を見せる前に戦争について自由に討論をしていくと、靖国史観の影響も受けながら、いろいろな意見が出てきます。しかし、その後にＤＶＤを見せると『沈黙する』のです。その内実は、『戦争の是非の問題は、生半可な知識で、軽々しく議論して良いことではないのだ』『本当に、しっかりと、良く学んだうえで語るべきことなのだ』という自覚が得られるということです。それは、史実を誠実に学ぶ、スタートラインをつくるものとなっています」

同様の経験が、ほかの大学や高校の先生方からも寄せられている。体験者の多くが亡くなっていくなかで、戦争の真実が伝えられなくなっている現実を受けとめつつ、短時間の証言であっても、その真実の重みによって、それを聞く若い世代の価値観が、大きく変化することを重視したいと思う。

一九八六年、中帰連は組織の再統一をはたし、一九八八年に開催された第二回全国大会で富永さんを会長に選出。以後、中帰連は証言活動をさらに発展させ、一九九七年には季刊『中帰連』を発行。二〇〇二年に中帰連の精神と事業を引き継ぐ「撫順の奇蹟を受け継ぐ会」が結成され、二〇〇六年、「NPO中帰連平和記念館」が埼玉県川越市に設立された。先に述べた「平和のための戦争展」や証言ビデオ、DVD「泥にまみれた靴で」などの長年にわたる活動とあいまって、中帰連の精神は、戦争体験をもたない若い世代へと広げられている。

本書『あるB・C級戦犯の戦後史』は、侵略戦争の真実を伝え、私たちの歩むべき方向を指し示す羅針盤の役割を果たしている。富永正三さん亡き後も、この書を通して、富永さんと「会話」ができることを幸せに思っている。あらためて、富永さんからの言いつくすことのできない教えへの感謝の気持ちを強くするとともに、本書の復刊によって、富永さんとの会話が、より多くの人々に広がっていくことを、心強く思っている。

今や、戦争体験を持たない戦後世代も六〇歳代に至っている。この世代は体験を受け継ぐだけでなく、次の世代にその体験を語り継いでいく役割を担っている。私たち戦後世代は、かつての戦争に直接の責任は持たないけれども、敗戦から六五年が経った今もなお、侵略戦争の真の清算をなしえていない日本の主権者としての責任をしっかりと受け止め、反戦平和のために力を注いでいく決意を新たにし、次の世代へと体験を語り継いでいく責任を果たさなければならないと思う。

（二〇一〇年四月）

著者：富永 正三　とみなが・しょうぞう

1914年５月	熊本県に生まれる。
1939年３月	東京大学農学部農業経済学科卒
1939年４月	満州糧穀会社（満州農産公社）入社
1940年２月	熊本歩兵第一三連隊補充隊入隊
1941年８月	中支派遣第三九師団歩兵第二三二連隊へ転属（湖北省荊門県子陵舗）
1943年７月	歩兵第二三二連隊第十中隊長
1945年８月	「満州」開原にて敗戦。シベリア抑留
1950年７月	対中国戦犯としてソ連より中国へ引き渡される
1956年９月	不起訴となり帰国。舞鶴にて復員
1960年４月	私立高等学校講師のち教諭（～'84年３月）
1988年10月	中帰連会長
2002年１月	死去

ある B《ビー》・C《シー》級《きゅう》戦犯《せんぱん》の戦後《せんご》史《し》
――ほんとうの戦争責任とは何か

二〇一〇年八月一五日　初版第一刷

著　者　富永《とみなが》　正三《しょうぞう》
発行所　株式会社　影書房
発行者　松本　昌次
〒114-0015　東京都北区中里三―四―五
ヒルサイドハウス一〇一号
電　話　〇三（五九〇七）六七五五
ＦＡＸ　〇三（五九〇七）六七五六
E-mail=kageshobo@ac.auone-net.jp
URL=http://www.kageshobo.co.jp/
〒振替　〇〇一七〇-四-八五〇七八
本文印刷＝スキルプリネット
装本印刷＝ミサトメディアミックス
製本＝協栄製本

定価　二、〇〇〇円＋税

ISBN978-4-87714-407-4 C0036